Pedro Teixeira e a conquista da Amazônia

Pedro Teixeira nasceu em Cantanhede, Portugal, provavelmente em 1585. Casou-se com Ana da Cunha, senhora de famílias originárias das ilhas dos Açores. Embarcou para o Brasil, em 1607, como alferes do exército português. No Brasil, viveu e batalhou contra franceses, holandeses e ingleses até morrer.

António Neto Guerreiro

Pedro Teixeira e a conquista da Amazônia

Espaço Editorial

São Paulo

— 2010 —

Título original: Pedro Teixeira e a conquista da Amazônia

Capa
Laurindo Ferreira Vasconcellos

Diagramação
Tarlei E. de Oliveira

Dados Internacionais de Catalogação na Publicação (CIP)
(Câmara Brasileira do Livro)

Guerreiro, António Neto, 1930-

Pedro Teixeira e a Conquista da Amazônia: António Neto Guerreiro - 1ª ed. - São Paulo - Editora MM, 2010.

16 x 23 cm ; 213 p.

ISBN 978-85-903392-4-3

1. Brasil. História. 2. Geografia do Brasil 3. Colonização portuguesa). I. Título

98-5013 CDD -869.91

netoguerreiro@superig.com.br

Espaço Editorial
Rua Pintassilgo, 457 - Moema
Cep 04514-032 - São Paulo - SP
Fone: (11) 5543-7099

Impresso no Brasil / Printed in Brazil
Outono de 2010

Sumário

Nota do Autor

A conquista da Amazônia foi, se não a maior, talvez uma das maiores bandeiras nacionais. Sua realização, por Pedro de Teixeira e outros homens de sua época, que passaremos a descrever nas páginas seguintes, teve como escopo aumentar de forma significativa o território brasileiro, além de contribuir para que o País fosse, já no século XVII, aquinhoado de certa importância estratégica.

Este episódio, por sua magnitude, reveste-se, desde aquela época, de valor histórico incomensurável e demonstra a fibra, o arrojo, a ambição e o espírito de aventura dos homens que o realizaram.

Da época em que se desenrolou tão extraordinária aventura, pouquíssimas referências escritas nos restam. Sobram apenas os registros de algumas datas como, por exemplo, a da Ata de Posse das Terras Conquistadas para a Coroa Portuguesa; e também algumas descrições das viagens em relatórios dirigidos às autoridades espanholas em Quito, no Equador. Há ainda relato do envio de uma deputação ao vice-rei do Peru, Dom Luis Jerônimo de Cabrera y Bobadella, chefiada pelo coronel Bento de Oliveira, para entregar-lhe uma "Relação". Nada mais. São, portanto, escassos os documentos sobre este acontecimento.

Como todo o movimento foi organizado por militares dotados de certos conhecimentos, sobraram, felizmente, algumas referências históricas esparsas, das quais extraímos os principais episódios para este trabalho. Carecemos de documentos para nos fixar na extraordinária temática, recheada de elementos para um romance. Ora, isto instigou nossa imaginação de tal forma que optamos por construir um romance sobre esta aventura, mas precedido de um relato sobre as condições históricas que antecederam a Conquista da Amazônia.

Eis aí o relato, fruto, em parte, de meu esforço imaginário, mas narrado com certa fidelidade histórica, sobre como se processou a fabulosa saga da conquista da Amazônia por Pedro Teixeira.

António Neto Guerreiro

O tempo é extremamente moroso para quem espera com ansiedade o desfecho de um bom acontecimento.

António Neto Guerreiro

O valor do artista é proporcional ao valor de sua obra enquanto vivo; depois de morto, é a eternidade desta que lhe mede o valor.

António Neto Guerreiro

O homem é o mais excelente dos seres criados, mas um cão reconhecido é melhor de que um homem ingrato. Um cão nunca esquece o bocado que se lhe dá, mesmo que cem vezes se lhe atirem pedras. Mas, se durante um século, tratares com afeto um homem, ele lutará contra ti por qualquer insignificância.

Shaikh Muslin Al Dim

Primeira Parte

Antecedentes históricos

I

O Príncipe Perfeito

Em 1481, o rei D. Afonso V de Portugal quer abdicar do trono em favor de seu filho D. João II. Para tornar pública a sua vontade, convoca membros da nobreza, do clero e do povo, os três estados do poder, mas a morte o surpreende antes da abertura destas Cortes. O rei fecha os olhos a 28 de agosto do mesmo ano, em Sintra.

Como dita a tradição da época, passados três dias das exéquias do pai, D. João II é aclamado rei de Portugal no primeiro dia de setembro. Já na tenra idade, o Príncipe Perfeito, como fora conhecido, demonstrara fortes traços de personalidade, grande perspicácia e invulgar inteligência na arte de governar. Assim – cauteloso e calculista, se preciso; audaz, valente e destemido, se necessário –, passa a conduzir o governo do reino português nos moldes de sua vontade, sempre coadjuvado pelos mais capazes, sábios e corajosos homens daquele tempo.

Mas, desde a subida ao trono, o novo rei enfrenta cerrada oposição de alguns grandes senhores que, habituados a agir como queriam durante o reinado de D. Afonso V, pretendem medir forças com o novo monarca. Dom João não se furta em travar perigosos duelos com seus oponentes, em ações que passa a chamar de "Interesse Nacional", pois os nobres rebelados pensam em oprimir o povo mais humilde e em desobedecer às ordens do rei.

O primeiro desses potentados é Dom Fernando, duque de Bragança, que se presta à desobediência nacional invocando seus títulos e privilégios. Sabedor da insubordinação, o rei ordena a Lopo de Figueiredo uma busca destes títulos nos domínios do duque, em Vila Viçosa. No cofre onde estão guardados os papéis, o emissário de D. João II encontra cartas do rei de Castela e também minutas das respostas de Dom Fernando, documentos com fortes indícios de traição do duque a Portugal.

De posse desses papéis, o rei os faz copiar e serem devolvidos ao cofre do traidor. Neles, a constatação de que o Duque de Bragança procurara apoio do rei espanhol ao engendrar um golpe de Estado que poderia culminar no destronamento e até mesmo no assassinato do rei português. Cauteloso, D. João II age com extrema prudência. Recolhe também provas de cumplicidade do marquês de Montemor, outro a trocar cartas que sinalizam infidelidade ao reino de Portugal com os reis católicos de Espanha.

A 30 de maio de 1483, Dom Fernando é preso, julgado e sentenciado à morte. É quando a história imperial portuguesa registra um espetáculo estranhamente inédito: D. João II, que com pulso de ferro e senso maquiavélico conduzira ao êxito a justa punição, chora pública e copiosamente pela condenação de seu arqui-inimigo. E o duque de Bragança é degolado numa praça em Évora, no dia 20 de junho daquele ano, deixando clara a demais conspiradores a disposição do governante de Portugal na caça aos traidores.

Outros nobres não tardam a conspirar contra a vida do rei. Até mesmo seu cunhado, o duque de Viseu, antes já implicado nas ações criminosas do duque de Bragança, também dera sinais de traição. Entretanto, considerando o parentesco por afinidade, D. João II chama o duque de Viseu ao Paço Real e, na presença da irmã dele, a rainha, repreende-o severamente, mas diz que o perdoa.

Contudo, adverte o duque de que não haverá complacência caso outras ações de deslealdade sejam notadas.

De nada servira a advertência tolerante do rei. Seu cunhado continua a traí-lo ao arvorar-se em sucessor do traidor que houvera sido degolado em Évora, e também pretende matar o monarca e usurpar-lhe o trono. Sabedor do complô, Dom João acompanha e espera atentamente o desenrolar dos fatos, para conhecer como é urdido o plano para matá-lo, crime que deveria dar-se em Setúbal, onde o rei desembarcaria de um batel numa digressão pelo Alentejo.

Mas, a par da tramoia arquitetada pelo cunhado, D. João II vai a Setúbal por terra e fortemente escoltado, e não pelo rio, como estivera previsto. No dia 28 de agosto de 1484, manda então chamar o parente traidor ao Castelo de Palmela. A entrevista é curta, assistida apenas por poucos fidalgos que, num abrir e fechar de olhos, veem o corpo do duque de Viseu cair varado a punhaladas desferidas pelo próprio rei. Ato que D. João II virá a negar mais tarde, durante o julgamento dos judeus Isaque e Yocef Abravanel.

Há, neste cenário, muitas outras histórias a contar, mas esses dois episódios por si só revelam a dificuldade da arte de governar, um dever duro e inexorável. D. João fora, como seu tio D. Henrique, dono de um espírito especulativo e visionário. Durante seu reinado, as navegações exploratórias seguirão com grande empenho e fervor, impulsionadas pela indômita força de vontade e fleuma do novo rei, que assistira as travessias dos mares serem esquecidas por largos anos durante o governo de seu pai, D. Afonso V.

É um tempo em que Portugal tem não mais que um milhão de habitantes, e minguados também são seus recursos. Os poucos de que dispõe, o país despendera nas gloriosas jornadas da guerra no Norte da África, empreendidas por Dom Afonso na conquista de várias praças importantes para o reino português. D. João II seguiria os passos de D. Henrique, seu tio sonhador, mas a morte o colhe na flor da idade, levando-o aos 40 anos, em Alvor, no dia 25 de outubro de 1495.

Nota do autor – para alguns cronistas, Nicolau Maquiavel, ao escrever os tratados de administração na obra "O príncipe" teria encontrado inspiração nos reinados de César Borgia e D. João II.

II

O Tratado de Tordesilhas

Como bem disse certo historiador, Dom João era um espírito especulativo e um gênio disciplinador emérito, com muitos e audaciosos projetos a realizar. Entre esses projetos estava em primeiro lugar o engrandecimento de Portugal; em segundo, o alargamento do território português; em terceiro, uma grande força de vontade em fazer dos lusos um povo de muitos heróis e gênios. Camões assim os cantaria anos mais tarde:

Cessem do sábio Grego e do Troiano
As navegações grandes que tiveram.
Cale-se de Alexandre e de Trajano
A fama das vitórias que tiveram;
Que eu canto o peito ilustre lusitano
A quem Netuno e Marte obedeceram.
Cesse tudo o que a Musa antiga canta,
Que outro valor mais alto se alevanta.

Na verdade, a conquista do extremo Oriente é a grande meta do monarca português. E, animado por elucubrações de conquistas, D. João II rompe a grande névoa impeditiva de sua vasta visão e ordena que duas difíceis missões partam em 1487. Uma delas, chefiada por Pero da Covilhã e Afonso de Paiva, deve seguir por terra, via Mediterrâneo. A outra, um pouco mais difícil, tem à frente o grande navegador Bartolomeu Dias, cujo rumo deve atingir a Índia. Ambas as missões alcançam êxitos espetaculares para a época em que foram encetadas. O Tratado de Alcáçovas, acordo de paz assinado em 1479 entre D. João II e os reis católicos de Espanha, impusera certas desconfianças entre as duas coroas da Península Ibérica.

Privados de um filho varão que os vá suceder, os reis Fernando e Isabel resignam-se a buscá-lo em Portugal na figura de Dom Afonso, filho de D. João II. A partir desse entendimento, ajusta-se o casamento do príncipe português com a princesa Isabel de Espanha. A 23 de novembro de 1490, celebram-se as núpcias. Festas extraordinárias são realizadas em Sevilha, promovidas pelos pais da noiva; e mais faustosas ainda são as de Évora, proporcionadas pelo pai do noivo.

A desmedida ambição de D. João II julga ter alcançado para as mãos do filho o cetro do maior império do mundo conhecido naqueles tempos. Se tudo der a contento, o matrimônio do príncipe português e da princesa espanhola unirá a Península Ibérica pela coroação de seu único herdeiro, Dom Afonso de Portugal.

Expectativas extraordinárias lhe ocorrem à imaginação. As informações de Pero de Covilhã, em sua aventura a caminho do Oriente, são alvissareiras. Bartolomeu Dias segue sulcando mares ignotos, contornando as costas africanas a caminho das Índias. Tudo leva a crer numa existência portuguesa excepcional e promissora. Mas, infelizmente, deste momento aparentemente tão auspicioso, o rei de Portugal só colherá funestas e sucessivas decepções e contrariedades.

A primeira, e certamente a maior delas, é quando o príncipe Dom Afonso sofre um estúpido acidente durante uma das tardes de natação, que pai e filho têm juntos habitualmente, às margens do Tejo. Ao invés de nadar com o pai, D. Afonso põe-se a correr a cavalo próximo ao rio, em companhia do fidalgo D. João de Menezes. Dizem alguns que uma criança passou subitamente à frente do animal, que se empina assustado e derruba o príncipe. Na correria desenfreada, o animal arrasta por extenso trecho ao longo do rio o jovem cavaleiro, preso ao estribo por um dos pés. Parado o animal, D. Afonso não mais volta a si, vindo a falecer antes do amanhecer do próximo dia. Morre também ali, com seu filho, o maior sonho de D. João II de Portugal.

Contudo, o indelével sonho da descoberta do Império das Áfricas e das terras do Extremo Oriente acalenta ainda o coração real. E Dom João, de corpo e alma, dedica-se a este segundo empreendimento. Incentivados pela fleuma de seu rei, argonautas percorrem todo o Atlântico Sul, descobrindo terras de África e, simultaneamente, a saída para o caminho das Índias.

Em 1482, Cristóvão Colombo – casado com Filipa de Novaes, filha do capitão donatário da Ilha de Porto Santo, Bartolomeu Perestrelo, com quem tantos marinheiros lusitanos aprenderam a arte de navegar – procura pelo rei português, rogando que lhe dê navios para ir descobrir terras nas Índias. Todavia, sua falácia é tão superficial e cheia de bazófia, que não há como o rei depositar-lhe confiança. Dom João consulta seus súditos mais credenciados no assunto e a opinião é unânime: Portugal deveria prontamente rejeitar as condições impostas por Colombo em sua proposta de obter barcos e ir descobrir terras seguindo a rota para o Ocidente.

No mesmo ano, Colombo vai à procura dos reis católicos de Espanha, e eles também não lhe dão ouvidos. Obstinado, busca, sem êxito, apoio de Henrique VII da Inglaterra. A mesma resposta negativa obtém de Carlos VIII da França. Retorna a Espanha, em 1486, sem nada resolver.

Mas, a 2 de janeiro de 1492, os reis espanhóis Fernando e Isabel decidem apoiar o projeto, e Cristóvão Colombo inicia em 3 de agosto os preparativos para sua partida. Meses depois, o navegador toca em Novo Continente, acreditando ter chegado à Índia. Contudo, sua descoberta cinge-se apenas ao desvendar de terras inóspitas, muito diferentes das terras da Índia, mais tarde batizadas de América.

No regresso da estreita viagem, Colombo para em Lisboa a visitar Dom João, que no fundo do coração nutre certo desgosto pela nova descoberta ter-lhe escapado, e assim haver favorecido os reis espanhóis. No entanto, o rei está convencido de que as terras desvendadas por Colombo encontram-se inseridas em área pertinente a Portugal. Manda então que uma esquadra, comandada por D. Francisco de Almeida, vá reconhecer os territórios e firmar as terras como pertencentes a Portugal por direito.

A notícia provoca e alarma os reis católicos, que pensam em negociar para evitar tal expedição. A tensão peninsular ameaça transformar-se numa guerra de grandes proporções entre os reinados de Portugal e Espanha.

Para mediar o assunto, entra em cena o Papa Alexandre VI que, em 1493, assina a bula "Inter Caetera", oferecendo à Espanha todas as terras descobertas e a descobrir para Ocidente, em direção à Índia, e muitas outras novas concessões. As terras doadas não são apenas as descobertas para Ocidente, mas também para qualquer direção Norte-Sul.

O Papa, de origem aragonesa e devedor de grandes benesses a Fernando, o Católico, manejara a política vaticana a favor da Espanha, e Dom João sente o quanto Portugal é prejudicado com aquela determinação do Vaticano, pois o esbulho é claro e monstruoso. Apresenta então vigoroso protesto ao Papa e prepara-se para o único recurso que as circunstâncias oferecem: luta armada com a Espanha. Mas os reis católicos não desejam o entrave e, diante da firme atitude do rei português, prestam-se a negociar bases mais aceitáveis e justas para o país vizinho.

Desta vez, os embaixadores lusitanos obtêm resultados que lhes são mais positivos, pois a linha divisória entre os dois polos já não passará na medida de 100 léguas das Ilhas de Cabo Verde, mas a 370 léguas. Nestas condições, ficam conservados o caminho marítimo para a Índia e uma parte do novo continente que já era de conhecimento dos lusos há algum tempo. Uma vez mais, D. João II mostra-se emérito jogador de xadrez, mexendo as pedras tanto em Roma quanto em Tordesilhas, quando corrompe alguns membros do Conselho Régio de Espanha.

O Tratado de Tordesilhas, com conversas iniciadas em 7 de junho de 1494, é assinado em 2 de julho do mesmo ano, em Arevalo. Este momento culminante assinala grande glória para a política portuguesa. Apagam-se as luzes do século XV e Portugal divide com Espanha o mundo conhecido e o a conhecer.

Essa divisão, que tem D. João II como principal protagonista, encontrara ocasião unicamente pela prematura e funesta morte do único herdeiro do monarca português. Não fosse o triste acontecimento, o Príncipe Perfeito teria erguido o maior Império do mundo moderno, sob o reinado em Portugal e Espanha do príncipe português, o filho de D. João II, Dom Afonso de Portugal.

III

Dom Manuel, o Venturoso, e a expansão de Portugal

O caminho da expansão de Portugal fica aberto ao primeiro rei sucessor de Dom João II, num momento tão auspicioso ao país e de tanta boa sorte ao novo rei. Oito dos nobres na linha da sucessão haviam morrido, e entre tantos candidatos à Coroa portuguesa, recai ela na cabeça de Dom Manuel I, o Venturoso, sem que ele nada tenha feito para assumir a direção do governo. Há quem diga que foi a mão de Deus, ou a providência divina, a pôr-lhe a coroa na cabeça, fazendo dele o Rei dos Descobrimentos lusitanos, concedendo-lhe as maiores glórias nacionais. Enfim, o certo é que, com a morte de tantos, Dom Manuel torna-se o Venturoso, tão grande fora a ocorrência de fatos favoráveis à sua subida ao trono.

Fortes são os indícios levando à crença de que a principal meta do Príncipe Perfeito era atingir as terras da Índia. Para tanto, tinha mandado cortar as madeiras nos pinhais de Leiria e de Azambuja, visando à construção dos navios e assim implementar a grande cruzada marítima nacional, tão logo Bartolomeu Dias regressasse a Lisboa, após ter dobrado o Cabo da Boa Esperança. Mas D. João II morreu sem ver realizados os seus grandes sonhos e objetivos.

Cabe a Dom Manuel, que nada fez, nada planejou e nada construiu, assumir o governo da nação e simplesmente seguir os passos do seu antecessor. Ele encarrega Bartolomeu Dias de usar seu conhecimento e sua grande experiência como capitão, e mandar acabar os navios e ir sulcar e descobrir os mares. Mares tenebrosos guardados pelo horripilante "Gigante Adamastor", como Luís de Camões registraria o episódio no poema "Os Lusíadas" – que o capitão Bartolomeu já enfrentara antes ao dobrar o Cabo das Tormentas, mais tarde chamado de Cabo da Boa Esperança por abrir o caminho para as Índias.

A esta altura, o descobrimento do caminho marítimo para a Índia está tão adiantado que até o comandante da armada que deverá seguir para lá já fora escolhido por Dom João II, durante o planejamento da primeira expedição àquelas terras. A escolha recaíra em Estevão da Gama, que falecera na mesma data que o rei, e fora então substituído por seu filho Vasco da Gama.

Naquelas épocas, a tecnologia da navegação mundial e do conhecimento dos oceanos, a ciência dos ventos e da astrologia e também a arte de navegar estavam de posse dos navegantes portugueses. Ninguém no mundo conhecido e a conhecer daquelas eras tinha, como os portugueses, tantas e tão vastas noções do mar e de como navegar.

A caravela foi uma obra prima de tecnologia na avançada engenharia naval portuguesa, e, além destas embarcações, os lusitanos detinham também os mais avançados estudos sobre navegação. Assim, Portugal levava incomensurável vantagem sobre seus adversários ou antagonistas. Eram portugueses os primeiros navios armados com canhões de alto calibre e orientados por bússolas, tendo a bordo astrolábios e outros sofisticados equipamentos que permitiam navegar com imenso êxito contra o vento e tempestades. A Marinha portuguesa é a primeira força de um reino ou de um país a ser mantida às custas do Estado.

O sucesso de Portugal no mundo dos descobrimentos era resultante de um longo processo iniciado no reinado de Dom João

I, o de Boa Memória. O rei tinha se comprometido a armar seus filhos Dom Duarte, Dom Pedro e Dom Henrique para tomar dos muçulmanos do Norte da África a cidade de Ceuta, em 20 de agosto de 1415.

Muitas e renhidas lutas houve entre portugueses e árabes para que os primeiros vencessem vicissitudes e dessem início às grandes navegações. A conquista dos mares demorou oitenta e cinco anos de lutas e vidas perdidas, sacrifícios, sangue, suor e lágrimas, cantados por Fernando Pessoa: "*Ó mar salgado, quanto do teu sal / São lágrimas de Portugal!*".

Mas, finalmente, o almirante Vasco da Gama pisa terras da tão sonhada e rica Índia. Daí para frente, a historiografia mundial passa a ser conhecida como "a era da denominação europeia na história".

No dia 2 de março, estão os lusitanos em frente a Moçambique. O sultão desta terra visita Vasco da Gama a bordo do navio e lhe oferece dois pilotos para o ajudarem a conduzir sua esquadra na navegação contra as monções, uma atividade completamente desconhecida entre os nativos destas paragens, pois "navegar contra os ventos" é arte exclusiva à Marinha Nacional portuguesa.

A 10 de março, abordam a ilha de São Jorge, onde colocam um padrão português. Lançam âncoras em Mombaça, no dia a 7 de abril, quando um bando de mouros tenta atraí-los para a terra com a intenção de assaltar a nau capitânia, estratégia sem efeito porque os portugueses, já prevenidos, não se deixam enganar. Seguem em frente no sentido da cidade de Melinde onde, a 14 de abril, o sultão de Quiloa, vassalo do sultão de Melinde, vai avistar-se com Vasco da Gama em seu navio, sentindo nos portugueses vontade de o ajudarem a se libertar da tirania do opressor. No dia seguinte, é Vasco da Gama quem desce a terra, sendo alvo de manifestações de júbilo. Eles largam dali no dia 24 de abril.

No dia 18 de maio, Vasco da Gama avista Calicute, abordando este empório somente no dia 20 do mesmo mês. Uma sensação extraordinária de euforia toma conta dos corações portugueses quando os navegantes pisam pela primeira vez em terras da Índia. Após oitenta anos de árduas lutas e de sacrifícios, os argonautas atingem amplamente o alvo de sua tenacidade.

Não haverá na língua de Camões palavras que descrevam o júbilo desta brava gente, que vê diante dos seus olhos o sonho de uma realidade perseguida durante tanto tempo. Realizando os sonhos de Dom Henrique e de seu sobrinho Dom João II, Vasco da Gama e sua tripulação, heroica gente, são os portadores das vozes de seus antepassados neste extraordinário e mirífico feito.

Todavia, nem tudo é só felicidade neste momento histórico. Instigado por traficantes árabes, que inventam inúmeros defeitos e vícios nos portugueses, o samorim de Calicute demonstra receio de uma provável concorrência dos lusos. Em suas falas, os árabes disseram-lhe que os portugueses são piratas, traficantes, bandidos e outros maus adjetivos. A maledicência é tanta que o samorim é incitado e mandar prender Vasco da Gama, mas este, com presença de espírito, audácia e autoridade, impõe ao catual sua retirada para o seu navio. Mais tarde, o almirante reflete muito e chega à conclusão da inutilidade que será fazer frente a inimigos tão poderosos, com as poucas armas de que dispõe naquela altura. Resolve voltar a Portugal para dar a D. Manuel I as notícias sobre sua chegada à Índia e também lhe dizer da péssima recepção em Calicute. Enquanto deixa as novas terras, Vasco da Gama sente que fora ultrajado e vilipendiado pelos subalternos do samorim, e jura vingar-se dos ultrajes que sofrera por parte dos senhores da nova terra.

O longo percurso de Vasco da Gama no regresso à Península Ibérica é intumescido de sofrimentos e atos de traições dos mouros, além de doenças contraídas durante a viagem. O escorbuto mata seu irmão Paulo da Gama e mais da metade da tripulação.

A 9 de setembro de 1499, depois de Nicolau Coelho ter chegado a Lisboa em julho desse mesmo ano, Vasco da Gama aporta à capital do reino, ovacionado com grandes festejos por todas as populações portuguesas.

IV

Pedro Álvares Cabral

Não cessam os portugueses de peregrinar pelos desconhecidos mares salgados. Apenas seis meses são decorridos do regresso do almirante Vasco da Gama a Portugal, e já uma nova esquadra composta de treze navios é comandada por Pedro Álvares Cabral, fazendo-se ao mar a caminho das Índias, com o intuito de consolidar o domínio lusitano naquelas longínquas terras e seus mares.

Há uma lenda de que uma forte tempestade teria direcionado o curso da esquadra de Cabral para o Leste, desviando-a do seu primeiro objetivo, que seria a Índia. Mas a grande maioria dos estudiosos e historiadores é hoje unânime em afirmar ser este episódio mera fantasia.

Sabe-se que a firme teimosia de Dom João II, ao assinar o Tratado de Tordesilhas a partir de uma linha imaginária além de 370 léguas do arquipélago de Cabo Verde, é fortíssima evidência de que os portugueses já tinham ciência da existência de terras firmes, a mais ou a menos distância daquelas ilhas portuguesas. Cientistas da história mundial, entre eles o inglês Robert Thomé, asseguram que muito antes de se pensar em Tratado de Tordesilhas, navegadores portugueses já teriam pisado em terras brasileiras. "Os portugueses, conheciam o Brasil, anteriormente a 1491", afirma o historiador.

João de Menelau nos diz que do mapa-múndi possuído por Pero Vaz, o Besigudo, já constava a nova terra. Além disso, há relatos de Pero Vaz de Caminha dando conta de que as gentes habitando as terras do Brasil daqueles tempos não mostraram espanto ou perplexidade ao verem os lusos.

De todas estas ilações e após tantas evidências, uma realidade insofismável se pode tirar: Pedro Álvares Cabral saiu de Lisboa no dia 9 de março de 1500 e, na manhã do dia 14 do mesmo mês, estava em frente às ilhas Canárias. Em 21 de abril, após longo percurso sem avistar terra, começa a ver sinais de proximidades da costa. No dia 22, a tripulação vê pássaros ao longe e, no final da tarde, avista terra firme como coisa prevista. Ante os olhos dos navegantes portugueses cresce um sistema de montanhas enormes, cheias de frondosos e verdejantes arvoredos.

À elevação maior, dá-lhe Cabral o nome de Monte Pascoal, em comemoração ao dia de Páscoa. À terra que tem diante dos olhos, dá-lhe o nome de Terra de Vera Cruz. E assim é descoberta a terra que futuramente virá a ser chamada de Brasil. Em seguida, Pedro Álvares Cabral despacha Gaspar de Lemos para Portugal, a fim de levar a boa notícia ao rei. Ato contínuo, parte com o objetivo de chegar às terras da Índia, sua segunda missão, ao que tudo indica.

A viagem ao encontro da fabulosa Índia corre acidentada e temerária para alguns, e fatal para outros, pois fortes e violentas tempestades fazem naufragar quatro navios e quebrar mais dois. Entre estas embarcações, a capitaneada por Bartolomeu Dias que, anos atrás, fora seu primeiro vencedor. Agora, por ironia do destino ou por vingança sinistra de Deus, ali perece Dias, sob o signo e a fúria dos ventos demoníacos.

Mas, finalmente, a 16 de julho chega Cabral com sua esquadra, já muito reduzida, a Sofala. São apenas seis dos treze navios saídos de Portugal, tendo os outros se perdidos na tremenda batalha contra os colossais ciclones na costa africana. Demoram-se os argonautas lusos a reparar os navios que restauram da infeliz travessia, chegando a Calicute somente a 15 de setembro de 1500. Estabelecem-se relações amistosas com os reis de Cochim e Cananor. Em Cochim, Cabral deixa Gonçalo Gil Barbosa e outros portugueses como embaixadores de Portugal nesta parte do mundo. A 16 de janeiro, inicia o regresso à Pátria, onde chega em 21 de junho do mesmo ano. Mas, para provar a Dom Manuel que estabelecera boas relações de amizade naquelas duas cidades, Pedro Álvares faz-se acompanhar de três embaixadores do rei de Cananor e de dois do rei de Cochim, confirmando o pleno êxito de sua diplomacia.

A partir daí, há várias outras expedições portuguesas a Índia. Todavia, a mais importante delas é a do almirante Vasco da Gama, em 1502, composta de vinte unidades navais que, depois de passar por Quiloa, Cananor e Cochim, chega em frente a Calecute. O almirante jamais se esquecera dos vexames e dissabores sofridos nas mãos do catual e do samorim durante sua estada anterior nesta cidade.

Como tivera prometido a si mesmo naquela oportunidade, faz valer seu juramento contra os bandidos que tanto ofenderam a ele e ao seu rei ao chamarem os portugueses de covardes e de ladrões. Como castigo para que o catual indiano saiba a quem ofendera sem motivo nem razão, o almirante manda bombardear Calicute, deixando-a em chamas durante três dias, com muitas baixas em vidas humanas, completamente arrasada. Depois impõe, com mãos de ferro, a submissão de uma sublevação da Liga dos Príncipes Orientais, que se preparara para combater os portugueses.

Vasco da Gama regressa a Lisboa, em 1503, e mais uma vez é ovacionado pelo povo, e aclamado herói nacional. Mais tarde, outras expedições são realizadas à Índia para impor respeito aos gentios daquelas terras. Os esforços redundam em novas rotas oceânicas, desconhecidas até então.

V

A Odisseia Brasileira

Em 22 de abril de 1500, Pedro Álvares Cabral e sua gente pisam pela primeira vez o chão da Terra de Santa Cruz. Mais do que depressa, o comandante manda Gaspar de Lemos levar ao rei de Portugal, Dom Manuel I, a boa nova sobre tal evento. A princípio, Cabral e os seus comandados pensam tratar-se de uma ilha, e não de um país ou de um continente, como mais tarde se saberia que era.

Pelo portador da alvissareira notícia, envia Cabral ao rei um documento muito bem redigido pelo cronista de bordo, Pero Vaz de Caminha, homem de rara cultura, muito bem preparado e com firmes conhecimentos da língua portuguesa. Em carta cinzelada com especial esmero e precisão absoluta, descreve Caminha como é a terra e o jeito de ser dos seus habitantes e relata com absoluta clareza as belezas naturais da fauna e da flora, das águas límpidas dos rios e das nascentes; enfim, tudo quanto sua capacidade de observação, talento e inteligência captam para a perfeição do relato.

A crônica é tão bem redigida que, para muitos historiadores, parecerá uma Certidão de Nascimento, tornando-se o Brasil, na opinião de outros cronistas, o único país do mundo ao qual se outorga tal documento como se fora uma escritura pública. A bem da verdade, o sábio escriba que redigira e exarara o extraordinário trabalho, um minucioso retrato escrito, devia estar à altura de elaborar um tratado sobre o achamento desta terra, designação que a nós parece o mais apropriado dos étimos a ser dado à peça documental do tão extraordinário cronista Caminha.

Passados alguns anos, mais precisamente a 13 de dezembro de 1521, morre Dom Manuel I. Sucede-lhe seu filho, o Príncipe D. João III, empossado como rei dos portugueses seis dias depois.

O novo monarca fora preparado e educado para ser rei desde tenra idade. É oportuno que se esclareça sua excepcional instrução e dedicação à cultura e às artes, às quais fora submetido durante a infância e adolescência. Convém ainda dizer desde logo que ao tomar posse como novo mandatário do grande Império português, conquistado em grande parte por seu pai, toma ele logo a seguir excepcionais medidas para assegurar essas conquistas e administrálas com grande força de vontade e sabedoria.

Assim, um dos primeiros atos de Dom João na administração do reino é enviar Vasco da Gama como vice-rei das possessões das terras da Índia, com a finalidade de manter a ordem e o respeito às instituições nas regiões conquistadas. O Almirante, apesar da avançada idade, sabe impor-se com vigor, ordem e justiça, organizando as forças vivas das posições portuguesas, dando-lhes prestígio e autoridade em nome do rei de Portugal.

Do reinado de Dom João III dirão alguns cronistas, na Grande Enciclopédia Luso-Brasileira, que *"nossas façanhas militares no Oriente, nesse segundo quartel do século XVI, dão tal glória a quem as pratica, que delas fala o mundo com assombro"*.

Conhecedor do Brasil, através dos relatórios de seus capitães e como bom observador sobre o que se passa na vasta orla marítima e em suas costas, D. João III nota a constância de corsários franceses, ingleses e holandeses infestando essas áreas com a finalidade de extraírem delas a única riqueza explorada, o Pau Brasil, para desta madeira extraírem uma tinta vermelha a ser usada para dar cor aos tecidos na Europa.

Ao certificar-se do esbulho do qual a colônia é vitimada, Dom João toma a segunda providência do seu governo ao dar aos invasores imediato combate sem tréguas por toda a costa da nova terra. Como ação repressiva, envia, em 1516, uma esquadra capitaneada por Cristóvão Jacques, fazendo debandar os corsários das mais diversas origens. Todavia, dez anos mais tarde, os invasores retornam. Jacques volta então ao Brasil com mais poderes e uma frota melhor equipada, conseguindo aprisionar três barcos franceses na Baia de Todos-os-Santos, mandando-os a pique e prendendo todos os tripulantes das embarcações.

Como consequência deste episódio, há violento protesto e cenários de certo desprestígio ao rei de França, cujos representantes reivindicam do governo de Lisboa indenizações pelos prejuízos causados aos seus corsários. Porém, a reivindicações não encontram eco no conceito das nações do mundo daquela época, levando Lisboa a se omitir ante os queixumes do rei francês. Os corsários oriundos daquele país são piratas e navegam sem bandeira, não lhes cabendo razões para reclamar direitos de navegação, especialmente em territórios pertencentes a Portugal, apoiados por Bula Papal consagrada pelo Tratado de Tordesilhas.

Mas, logo a seguir, em 1530, o monarca João III investe em sérias ações no Brasil. Manda Martin Afonso de Sousa com uma esquadra de quatro navios com quatrocentos colonos e mais alguns ilustres cavaleiros da Corte, dando-lhes plenos poderes para instalar governos, administrar a Justiça, distribuir terras virgens a quem as desejasse para o cultivo e o povoamento da Terra de Santa Cruz.

Logo depois, em 1532, Martin Afonso de Sousa escreve a seu rei e dá-lhe conhecimento de que muitas pessoas gostariam de formar capitanias em território americano, a exemplo do que fora feito na Ilha de Açores e na Ilha da Madeira. Dom João, como relatado em carta, "determina que se marque, desde Pernambuco até ao Rio Prata, quantidades de terra das costas de 50 léguas de frente para o mar a cada Capitania", e manda reservar cem léguas para Afonso de Sousa e cinquenta léguas para seu irmão Pedro Lopes, que iniciam a posse legal da colonização das terras do Brasil, tornado uma nação continental graças à dedicação de parte do contingente de portugueses trazidos por Martin Afonso.

Começa assim, com o modelo das capitanias hereditárias, o processo da colonização do Brasil. Martin Afonso de Sousa, instalado em 1532 na vila de São Vicente no litoral paulista, é o primeiro capitão-donatário destas terras. É quando alguns índios acercam-se dos recém-chegados e, enquanto os dois grupos se examinam, um homem branco, de barbas longas, nu como os índios, destaca-se dentre os nativos. *"Meu nome é João Ramalho, sou português, moro aqui há mais de vinte anos e garanto a paz, se forem aceitas as nossas condições"*, diz ele em alto e bom tom.

Depois de ouvir as tais condições, que tratam apenas da permissão para os indígenas pescarem numa faixa litorânea demarcada por eles mesmos, o capitão Martin Afonso aceita a proposta e confraterniza-se com o João Ramalho. Este, logo a seguir, é nomeado capitão-mor e coadjuvante da gente portuguesa, tendo como missão principal controlar as terras do planalto paulista. Todavia, o acordo ainda estabelece que para os lusitanos transporem a serra do mar é necessária uma autorização do cacique Tibiriçá, pai da índia Bartira, mulher de João Ramalho.

A partir daí, nenhum dos índios desta tribo ataca os portugueses, e estes nativos passam ainda a fornecer-lhes escravos aprisionados nas tribos rivais para ajudar a cultivar as terras. Também é parte do acordo os colonizadores receberem mulheres índias para os homens solteiros, originando-se daí a tão cobiçada e graciosa raça miscigenada brasileira.

Os colonos iniciam as plantações da cana-de-açúcar trazida da Ilha da Madeira, e também as construções dos engenhos de produção do açúcar, sendo esta atividade pioneira a mais próspera fonte de riquezas do Brasil desde 1500. Mas, a razão da colônia progredir tão rapidamente, deve-se muito aos capitais trazidos para o Brasil pelos capitães donatários, cujas riquezas em Portugal são trasladadas para as novas terras. Alguns desses homens dobram suas fortunas, mas a grande maioria deles aqui deixará tudo quanto trouxera de Portugal. Muitos perecem em extremada miséria, como o capitão donatário da Baia de Todos-os-Santos, Dom Francisco Pereira Coutinho; o Capitão Donatário Pero de Campos Torinho, da Capitania de Porto Seguro; e Vasco Fernandes Coutinho, da Capitania do Espírito Santo, além de muitos outros que deram suas vidas para o engrandecimento do Brasil.

Essas desgraças, e outras mais que se abatem sobre estes homens ilustres e suas famílias em terras brasileiras, levam Dom João III a pensar que alguma coisa não está certa e precisa ser consertada. A partir desse seu entendimento, o monarca resolve nomear um governador-geral com poderes absolutos para governar a imensa colônia, cuja sede geral deverá localizar-se em São Salvador, na Bahia. Entre os cortesãos, o fidalgo Tomé de Sousa é homem escolhido a dedo pelo próprio rei para ser o governador.

Tomé de Sousa vem ao Brasil em 29 de março de 1549. Traz na sua expedição aproximadamente mil e quinhentas pessoas, entre homens de várias profissões, crianças, mulheres, jesuítas, padres, e funcionários do governo, como juízes, escrivães, militares, e outros. É necessário aqui abrir um parágrafo, a fim de denunciar quão velhaco é o modo de certo historiador brasileiro ao narrar os fatos referentes à expedição de Tomé de Souza durante colonização do Brasil pelos portugueses.

Esse historiador inicia sua facciosa história com referência a este acontecimento, dizendo, sobre os "Primeiros povoadores", que "o contingente trazido por Tomé de Sousa mais parecia uma baderna tropa de ocupação, do que um pacífico grupo de colonizadores". E depois de tecer outras inverdades, diz textualmente que "com o governador chegaram cerca de quatrocentos criminosos para cumprir pena de degredo...".

Ora, se na expedição vieram mulheres, crianças, artesãos, padres, juízes, militares e outros funcionários do governo como referimos, não seria de bom alvedrio, e tampouco se coadunaria com a grande religiosidade de Dom João III e até do governador, trazer uma caravana tão heterogênea, juntando-lhe mais de quatrocentos degredados. Isto não cabe na cabeça de ninguém, só na desse historiador. E mais: se tivessem vindo alguns degredados, vá lá, mas ele afirma que eram todos aqueles.

Não acreditamos nessa afirmação, mais parecida com uma mentira do que com uma transcrição honesta e certeira do fato histórico, embora admitamos que naquele tempo, por qualquer motivo fútil, uma pessoa era degredada. Veja-se o caso de Luiz Vaz de Camões, o maior poeta da língua portuguesa, que foi degredado justamente no período do reinado de Dom João III.

A fase inicial da colonização das Terras de Santa Cruz, feita através do sistema das Capitanias Hereditárias, desenvolve grandes atividades em razão do interesse de donatários em recuperar seus capitais investidos. Todavia, à medida que passa o tempo e a riqueza das terras aumenta, os capitães-donatários não têm mais condições de, por si só, defenderem as costas brasileiras dos ataques dos corsários que aliciam algumas tribos de índios para ajudá-los nessa aventureira vontade de apoderarem-se do novo território.

A chegada de Tomé de Sousa – incumbido de organizar a defesa das costas marítimas, distribuir a justiça entre o povo e os colonos e, especialmente, incrementar o povoamento do grande território nacional – muda totalmente a situação dos colonos e do povo em geral, logo em seguida à sua instalação na nova capital, a cidade da Baía de Todos-os-Santos.

Os primeiros passos do governador ao desembarcar na Bahia foram mandar construir um palácio para o Governo-Geral, uma Câmara Municipal e uma Igreja Matriz. Todos os edifícios, cercados de altas muralhas de defesa, são construídos às expensas do erário português. Estabelece-se então um entendimento com os indígenas, visando a combater os corsários que infestam a extensa orla marítima na terra que, emergindo da pobreza e da ignorância, passa a ser bafejada pela riqueza e para a luz da cultura nacional.

No desejo de salvaguardar e defender o território nacional, Tomé de Sousa faz levantar e armar com vários canhões a fortaleza de Bertioga, conforme relata o náufrago Hans Staden em sua autobiografia, descrevendo seu aprisionamento pelos índios Tupinambás. Em todos os lados, o governador faz alianças com os índios, numa declarada guerra aos invasores e adversários dos portugueses na nova colônia. O segundo governador nomeado é Duarte da Costa. Toma ele posse em 1553, após grande conflito com o bispo D. Pedro Fernandes Sardinha, que sucumbira devorado por índios quando se dirigia a Portugal para queixar-se do governador ao rei.

Duarte da Costa distingue-se nas lutas contra os franceses de Villegagnon. Contudo, o mais importante e melhor governador é Mem de Sá, que toma posse em 1558 e governa até 1572, expulsando definitivamente os franceses do Rio de Janeiro, onde seu sobrinho Estácio de Sá é integrante do comando desta luta, na qual vem a perecer. Aqui, também se destaca com grande bravura e louvor o cacique Arariboia, que luta ao lado dos portugueses contra os franceses expulsos pelos nacionalistas do Rio de Janeiro.

Passam-se os anos e mais batalhas ocorrem entre portugueses e outros invasores, que são enfrentados e expulsos como usurpadores. São, nomeadamente, franceses, holandeses e ingleses, e todos aqueles que de alguma maneira pretendem apoderar-se da conquista portuguesa.

É uma luta constante e titânica, que dura mais de um século de guerras, até que finalmente os portugueses conseguem amplamente a tão almejada expulsão. E o Brasil sai desta incumbência com ótimos resultados, haja vista o vasto e formidável tamanho do território nacional que caberá aos brasileiros. E depois da conquista da Amazônia, em 1639, pelo nosso herói Pedro Teixeira, um dos últimos baluartes da anexação das extensas terras brasileiras, como passaremos a narrar, o Brasil tem definidas as suas fronteiras.

As fronteiras nacionais estão delineadas e ninguém pode imaginar ser possível talhar um país destas dimensões graças, apenas, ao fator natureza. Para isto acontecer, muita gente tomba, perde a vida, muitas mães perdem seus filhos, muitos filhos perdem seus pais, muitas mulheres perdem seus maridos, muitas noivas deixam de se casar para o País vir a ser um gigante de mais de 8,5 milhões de quilômetros quadrados.

Devem ser venerados todos os que se dedicam a essa conquista.

VI

A liderança de Pedro Teixeira

Pedro Teixeira vem ao mundo talvez pelo ano de 1585, descendendo de nobres e abastadas famílias da cidade portuguesa de Cantanhede. Felipe II de Portugal e também III de Espanha ocupa o trono português.

Pouco se conhece de sua vida até que em 1607 vem ao Brasil como alferes do Exército a serviço da Coroa portuguesa, aos 22 anos de idade. Acompanha-o a esposa, a açoriana Ana da Cunha, com quem não tem filhos; embora os tenha, não se sabe quantos, fora do casamento. Seu nome passa a ser notado por atos de heroísmo e bravura nas lutas contra os franceses que ocupam o Maranhão e fixam-se na Ilha de São Luís. Em 19 de novembro de 1614, com enorme êxito ao infligir violenta e retumbante derrota aos invasores, defende o forte da Natividade, em Guaxinguba, também atacado por franceses sob o comando de Daniel de la Touche.

Em seguida, a 25 de dezembro de 1615, sob o comando de Francisco Caldeira Castelo Branco, numa expedição composta de duzentos homens, Teixeira parte em direção ao Pará, objetivando explorar e conquistar a inóspita região. Em ali chegando, a 12 de janeiro de 1616, é fundada, naquele mesmo lugar, a cidade de Nossa Senhora de Belém, hoje Belém do Pará.

É de Pedro Teixeira a proeza de ir de Belém a São Luiz do Maranhão por via terrestre, percurso só possível até então por via marítima. Acompanhado de alguns poucos soldados e de uns trinta índios catequizados, consegue, a duríssimas penas, fazer a travessia por terra, vencendo a selva virgem com grande assombro para as populações conhecedoras dessas regiões quase inacessíveis. Além das contrariedades do campo e do terreno inóspito, há ainda grandes investidas de índios Tupinambás, que fustigam a expedição e causam enormes estragos, pondo em constante perigo a vida dos desbravadores naquela infernal selva verde. Nosso herói, com sua costumeira e incansável valentia, consegue cumprir mais esta extenuante missão com o brilhantismo de sempre.

Regressa novamente a Belém, agora por via marítima, na companhia do fiel amigo, capitão Custódio Valente, com uma tropa de trinta arcabuzeiros e também uma enorme quantidade de índios. Com um carregamento de mantimentos e artigos destinados ao escambo com os aborígines, Teixeira conseguira fazer aquela viagem tão perigosa por entre a selva agreste, onde nenhum homem branco se tinha aventurado.

Em agosto do mesmo ano, já investido no posto de tenente, é novamente nomeado comandante de uma expedição que tem a finalidade de punir e expulsar um navio holandês que se encontra atracado no rio Amazonas. São mais invasores dispostos a fincar raízes naquelas paragens, nas quais portugueses já radicados vinham investindo e já colhendo resultados promissores para a nova nação que surgia dentro da própria selva.

Tomam parte desta missão o alferes Gaspar de Freitas Macedo e um ajudante de ordens, vinte soldados e também alguns guerreiros indígenas. No dia 9 de agosto, atacam o navio pelo método de abordagem e, após luta violenta e sangrenta, acabam vencendo o inimigo. A ação transcorrera perigosamente e Pedro Teixeira sai bastante ferido desta virulenta refrega.

Mesmo mutilado e enfrentando tantas dificuldades, o tenente instrui seus comandados a incendiarem o navio holandês, retirando-lhe antes todas as peças de artilharia para mais tarde serem guardadas como troféus no Forte do Presépio, que no futuro será chamado do Forte do Castelo. As peças resgatadas daquela embarcação inimiga são prêmios pela alta e retumbante vitória obtida. Desta luta, entre os holandeses sobrevive apenas um soldado de nome Trombeta, que servirá como galardão da estupenda vitória conseguida logo no início de tantas heroicas jornadas dentro no sertão brasileiro.

Por estas e outras estupendas jornadas, o tenente Pedro Teixeira começa a se destacar e ficar conhecido como alguém de elevado espírito de liderança. Como resultado, acontece sua subida ao posto de capitão do Exército português, pelo despacho régio de 28 de agosto de 1618. A partir desta data, seu nome se projeta na história, aliado a atos de heroísmo e bravura em todo território brasileiro.

VII

O Baixo Amazonas assegurado

Investido na patente de capitão do Exército da Coroa portuguesa a serviço de Felipe III, Pedro Teixeira tem pela frente difíceis missões a cumprir.Na época, o Estado do Brasil, em toda a sua extensão territorial, pertence à Coroa portuguesa que está na cabeça de um rei espanhol. Nos territórios portugueses, quer seja no continente europeu, quer seja ultramarinos, há grande insatisfação dos naturais de cidadania portuguesa.

Muitas e grandes perturbações sociais dão-se todos os dias. Nas localidades onde está hasteada a bandeira portuguesa, impera a desordem, a violência e o desacato às autoridades constituídas sob o comando da dinastia dos Felipes de Espanha. Sucedem-se crimes uns atrás dos outros; acontecem deposições sumárias onde campeia a anarquia, a vingança e a porfia às ordens dos reis estrangeiros. O sistema político-social está falido, confuso e desordenado. E a população portuguesa odeia tudo isso.

Na cidade de Belém do Pará, o capitão Álvaro Neto é estúpida e sumariamente assassinado em praça pública, em plena luz do dia. Na mesma altura, o capitão Francisco Caldeira Castelo Branco é deposto sob a injusta acusação de maus tratos aos índios, em razão de infundada delação por parte de jesuítas espanhóis, o que o faz ser preso e enviado a Lisboa. O capitão falece no presídio estadual do Limoeiro, vitimado por sevícias e pelos maus tratos impostos pelos seus desafetos e algozes.

Índios da tribo Tupinambás, inimigos dos portugueses e aliados dos franceses, aproveitam-se da calamidade pública para cercar e atacar a cidade de Belém. A fome grassa em toda parte. A desordem e o achincalho se difundem entre a comunidade portuguesa residente na cidade. Os índios acreditam que tomarão Belém a qualquer momento, tendo como certa a vitória sobre a população civil e a capitulação das tropas regulares da região.

Porém, numa pequena escaramuça nos arredores da cidade, uma bala certeira e providencial disparada pelo capitão Gaspar Fragoso atinge mortalmente o coração do cacique daquela tribo, chamado Cabelo de Velha. O índio cai, mortalmente fulminado.

O episódio da morte do cacique modifica completamente a marcha dos acontecimentos. Sem seu líder, os índios começam a desanimar ou a esmorecer e entram em pânico, altura aproveitada pelos habitantes de Belém para, numa contra-ofensiva avassaladora, imporem grande revés e infligirem aos nativos uma estrondosa derrota. Porém, logo a 20 de setembro daquele mesmo ano, novo levantamento militar acontece e o capitão-mor Matias de Albuquerque é deposto. Forma-se nova junta governativa, composta por Freire Antônio Marciano, coadjuvado pelos capitães Custódio Valente e Pedro Teixeira, que governam a cidade interinamente.

A minúscula Belém conta com a ínfima população de oitenta habitantes e uma guarnição de cinquenta soldados brancos para defendê-la das investidas dos Tupinambás, que querem expulsá-los.

Contudo, no ano de 1620, Antônio Marciano e Custódio Valente retiram-se da junta governativa e Belém passa a ser governada apenas pelo capitão Pedro Teixeira. Seu desempenho nas funções de governo vai muito bem, e ele as exerce até o dia 18 de junho de 1621.

Nesta altura, é criado o Estado do Maranhão, com o capitão-mor Bento Maciel Parente investido em sua governação. Homem de elevado prestígio, ele outrora ocupara vários cargos importantes e de confiança a serviço da Coroa portuguesa, sob as ordens do rei espanhol Felipe IV.

Ora, sendo o governador Bento Maciel grande amigo de Pedro Teixeira, ele ordena ao governante da cidade que abra uma estrada em plena selva para ligar Belém do Pará a São Luís do Maranhão. Ao dar a ordem, certamente o governador maranhense baseia-se no que sabe sobre a estupenda coragem e boa vontade de Teixeira; e especialmente no fato de seu amigo conhecer o sertão maranhense como ninguém mais, por já o ter percorrido em tantas bárbaras lutas em meio à selva virgem.

Entretanto, uma coisa é fazer a travessia pela floresta inexplorada, e outra, bem diferente, seria abrir uma estrada neste inferno verde, sem ter as mínimas condições materiais. Não há condições intelectuais e humanas para se esboçar o traçado técnico de uma estrada na qual dezenas ou centenas de pontes devam ser construídas. Além disso, é preciso arrasar ou rebaixar centenas de morros. E há ainda que se entender a falta total de possibilidades materiais que levem a bom termo o tão complicado e arrojado projeto de construção de uma via em plena selva, que só o sertanista Pedro Teixeira penetrara até então.

Além do mais, há as lutas intermináveis contra os Tupinambás e mais aquelas contra a natureza, além de outros fatores de relevante importância, todos a se interporem à vontade do incansável sertanista. São dificuldades e perigos que devem e têm que ser levados em conta nesta narrativa.

Quando o Império português, por tradições seculares, alianças e casamentos, transfere a Coroa portuguesa para a cabeça de um rei espanhol, adquire gratuitamente vários inimigos. Inimigos que antes foram amigos e aliados, como a Inglaterra – com quem os portugueses compuseram a aliança mais antiga da Europa –, a Holanda e até mesmo a França, entre outros países. Obedecendo à ordem cronológica, demonstramos primeiramente a grande luta do capitão Pedro Teixeira na expulsão dos holandeses.

Inimiga figadal da Espanha, a Holanda quer fixar raízes no território brasileiro, não somente pelas grandes riquezas que nele há, mas também por antigas rivalidades e desavenças com aquele país. Tais pretensões são ideadas por alguns portugueses, judeus nascidos em Portugal e que tinham sido perseguidos pela Santa Inquisição e se refugiado nos Países Baixos desde o reinado de Dom Manuel I, por interferência da Espanha dos Felipes.

Para Portugal e para o império português, a expulsão da gente judia é um grande erro político a jamais ser saneado. Expulsos para a Holanda, os judeus levam para lá suas riquezas, seu ouro, seus bens, enfim, transferem para o outro país tudo o que tinham obtido em Portugal. Não obstante levarem todos os bens materiais, vão também com eles conhecimentos e segredos de Estado obtidos ao longo dos anos em escolas e universidades portuguesas. Muitos judeus tinham participado dos reinados de Dom João II e de Dom Manuel I, como Abraão Zacuto e outros que por longa data prestaram serviços ao rei português. E foram regiamente pagos pelos serviços de alto valor para a Coroa Portuguesa.

É de bom alvedrio dizer que, em contrapartida, esses mesmos judeus gozaram na corte portuguesa de grande prestígio, desfrutando de muitas benesses às vezes negadas a muitos naturais de Portugal. Para se ter uma ideia de como foram tratados os judeus na corte de

Dom João II ou de Dom Manuel, o exemplo é Gaspar da Gama, cristão novo aprisionado por Vasco da Gama em sua primeira viagem à Índia. Ele ganhou enorme prestígio na corte de Dom Manuel, sendo guindado a auxiliar-de-ordens de Pedro Álvares Cabral na sua viagem do achamento do Brasil.

Num outro plano, deve-se esclarecer que Dom João II também se servira de um tal José Sapateiro, judeu da cidade de Lamego, que juntamente com o rabino Abraão se fora encontrar com Pero da Covilhã, no Egito, trazendo informações transmitidas ao rei em relatórios secretos, através do embaixador itinerante de Portugal.

Estes fatos são uma pequena demonstração de como os judeus estavam infiltrados na política portuguesa dos descobrimentos, e conheciam os segredos da política do país. Depois, logo nos exórdios das navegações portuguesas, estavam eles em contato com judeus de outros países do mundo, onde dispunham de vantagens com uma enorme rede de relações internacionais adquirida através do poder que detinham na Pátria e na corte portuguesas.

Os segredos do Estado, adquiridos através dos tempos, eram por eles passados de pai para filho ou a seus descendentes e, na falta destes, aos seus parentes mais próximos de patrícios judeus. De tal modo que, ao se transferirem para outras localidades, regiões ou países, transferiam simultaneamente esses segredos ou conhecimentos. Grandes exemplos dessa transferência de conhecimentos ou de segredos foram nas artes de armar navios; organizar expedições marítimas e processar o açúcar por técnicas de engenho do alimento.

Uma vasta gama de conhecimentos que só os portugueses detinham naquelas épocas e que, como revide, os judeus trasladaram para a Holanda ou para os Países Baixos, onde se fixaram definitivamente. No Brasil, os holandeses já se estabelecem em algumas localidades e naquele momento têm a vã ilusão de fixar-se no Estado do Maranhão. Mas não é preciso mais que um punhado de heróis da estirpe de Pedro Teixeira para não permitir a fixação deles no Estado. O governador Bento Maciel incumbe, mais uma vez, o capitão Pedro Teixeira da destruição do Forte Nassau e do Forte Orange, erguidos por aqueles invasores. Naturalmente, a incumbência do sertanista é cumprida com zelo e força de vontade.

Todavia, reminiscências dos holandeses ficam ainda lá pelos distantes lados do Xingu, mas elas são destruídas a 2 de maio de 1625 por outra expedição ordenada pelo capitão Teixeira. Com uma companhia de cinquenta soldados portugueses e setecentos índios, o militar ataca o Forte de Mandiatuba por terra e por rio, onde se desenrolam sangrentos combates. Embora a dura resistência do capitão holandês Nicolau Ondaen, Pedro Teixeira ataca com tanto destemor que, já ao cair da noite, cai também aquele Forte em poder dos nacionais. Enormes baixas se registram entre as tropas holandesas e os intrusos alienígenas são desalojados do reduto ocupado ilicitamente.

Logo após esta ação, Pedro Teixeira passa a explorar o Baixo Amazonas. Num primeiro instante, subindo o rio Preto, faz grande amizade com os nativos; depois, empenhando-se na expulsão de outras nações inimigas da Espanha de Felipe IV, que cobiçam terras brasileiras e pensam em aqui fincar raízes.

Corre o mês de setembro de 1629 e novamente Pedro Teixeira é chamado a expulsar estrangeiros do território brasileiro. Agora são os ingleses que se apossam do Forte do Tôrrego, às margens do rio Tareiú. No primeiro momento, o capitão Teixeira sitia os invasores. Depois, a 24 de outubro, após violento combate entre os dois exércitos, é a vez deste Forte capitular à força indômita das tropas nacionais, perecendo aí, nesta luta, o comandante dos súditos da rainha da Inglaterra.

Talvez avisado ou por acaso, não se sabe ao certo, depois de alguns dias desse embate, chega à região com dois navios fortemente armados o famoso capitão inglês Robert North. Ao tomar conhecimento do fracasso dos seus patriotas, pretende o inglês tirar desforra daquela insofismável derrota, prestando-se a atacar o Forte de Santo Antônio de Gurupá, onde as tropas de Teixeira estão acantonadas.

Trava-se outra luta feroz entre as tropas nacionais e os ingleses, que desde sempre foram aliados de Portugal. Contudo, agora estão em lados opostos, devido à inimizade da Inglaterra com a Espanha. Com canhões de longo alcance, North bombardeia o Forte que abriga as tropas de Pedro Teixeira. Mas, mesmo com armas mais modernas e certeiras, suas tropas são batidas pelos nacionalistas. É uma derrota retumbante para os ingleses, que batem em retirada e vão à outra margem do rio Amazonas para dar início a um novo e fantástico Forte que os abrigue.

Porém, em 1631, uma nova expedição comandada por Jácomo Raimundo de Noronha ataca o Forte inglês, destruindo-o completamente. Os ingleses são todos feitos prisioneiros e removidos para Belém, ali ficando detidos. Terminam assim, para todo o sempre, as tentativas dos súbditos da Inglaterra de se instalarem na vasta e cobiçada região amazônica.

Com a expulsão, primeiramente dos franceses e depois dos holandeses e ingleses, está definitivamente conquistada aquela parte das terras brasileiras, a do Baixo Amazonas. Quanto à viagem por via terrestre que Pedro Teixeira faz de Belém do Pará a São Luís do Maranhão, existe uma narrativa muito sugestiva e de alto valor histórico, que deve ser mencionada. O documento abaixo, transcrito em seu linguajar original, é citado em obra do historiador e militar Bernardo P. Barreto, no século XVIII. O relato testemunha a grande força e fibra do herói lusitano Pedro Teixeira, que mais terras conquistaria para a Coroa portuguesa se mais as houvesse.

> *Comunicou (Francisco Caldeira Castelo Branco), então, por terra, a Jerônimo de Albuquerque, o ditoso sucesso da sua expedição, de que também deu, conta o Governador, escolta de poucos soldados ao conhecido préstimo do Alferes Pedro Teixeira, desempenhou este Oficial a confiança que fazia dele: porque sabendo no sítio do Cayté, que muitos Tapuyas, que Gaspar de Sousa; e encarregando a diligência de conduzir as Cartas ao Maranhão com huma escolta de poucos soldados ao conhecido préstimo do Alferes Pedro Teixeira desempenhou bem este Oficial a confiança que fazia; porque sabendo no sítio do Cayté, que muitos Tapuyas seus habitantes aleivosamente lhe dispunham a morte, depois de o salvar de tão fatal perigo a constância do ânimo, os reduziu todos a obediência da coroa de Portugal; e em nome dela tomando logo posse daquele distrito, que fica com pouca diferença no meyo da jornada, como já deixou referido, e continuou até a cidade de S. Luís com geral assunto dos seus moradores, por ser elle o primeiro homem, que com notícia sua tinha pizado aquelas terras; e despachado cuidadosamente pelo Capitão mor com sucesso de alguma artilharia, munições de guerra, e pagamento para os Soldados, se restituiu à cidade de Belém do Pará com prospera viagem.*

VIII

Os espanhóis de olho na selva

Vários historiadores têm dedicado parte do seu tempo a contar a lenda sobre o *El Dorado*, inventada por índios das Américas. No dizer dessa gente, no fundo de uma lagoa havia imensa quantidade de ouro, prata, rubis, brilhantes, esmeraldas e tantas outras pedras preciosas; um grande tesouro encantado, guardado por um gigantesco dragão para que ninguém o roubasse. Tal lenda era tão bem contada entre os homens brancos, que estes se deixavam facilmente por ela seduzir e, com naturalidade, sem mais nem menos, entravam sertão adentro em busca das opíparas riquezas escondidas no fundo da imaginária e encantada lagoa dourada das Américas.

De quase todos os recantos, exploradores europeus, vindos para terras americanas do Sul, Centro ou do Norte, ouvem sempre a mesma história a falar da tal lagoa. Põem-se eles a calcorrear pelos sertões americanos em busca da sedutora "lagoa encantada" que guarda riquezas recônditas nos sertões dos novos e fabulosos Continentes.

Tanto os portugueses quanto os espanhóis, além de gentes de outras nacionalidades, acreditam piamente nas fábulas e lendas dos índios sobre a existência da tal lagoa repleta de ouro e de pedras preciosas, contadas tão ingenuamente pelos crédulos silvícolas.

Em toda a América do Sul, está bem viva a ideia da existência de imensa quantidade de ouro e outras riquezas na inóspita região Amazônica, bem como em todo o sertão.

Em busca desse estupendo tesouro, uma expedição comandada pelo espanhol Pedro Ursua parte do Peru, no início de 1559, descendo toda a extensão do rio Uaicale, região habitada pelos índios Machiparos. Mas há desavenças entre Ursua e seu imediato Lopo Aguirre, que termina por assassiná-lo e se autoproclamar a general da expedição. Eles seguem rio abaixo, atingindo, ao que parece, o Oceano Atlântico, sem ter descoberto tesouro algum.

Para registrar este histórico feito e demonstrar sua intrepidez, envia Aguirre uma missiva ao rei da Espanha, dando-lhe a conhecer todos os fatos, narrando-lhe com precisão e empáfia os incomensuráveis e diversos obstáculos ultrapassados, mais ou menos nestes termos:

> *Construímos jangadas, e deixando atrás cavalos e bagagens, descemos o rio (Uaicale), com grande risco, até encontrarmos um golfo de água doce. Por esse rio Marañon navegamos mais de dez meses e meio até sua embocadura onde deságua no mar (...) navegamos mil e quinhentas léguas de selva sem qualquer espécie de gente a habitá-lo, como verá Vossa Majestade pela narrativa fiel e verdadeira que fizemos. Tem mais de seis mil ilhas. E, Deus sabe como saímos vivos deste temeroso e largo mar!.*

É de se presumir que Lopo Aguirre e seus companheiros tenham atingido o Oceano Atlântico através do Amazonas; e dali rumado em sentido Norte até as Antilhas. Parece que após violentas lutas e revoltas internas na expedição, houve crimes entre os próprios companheiros. Aguirre acabou por ser também assassinado, ocasião em que seus homens dispersam sem ter atingido o objetivo maior, que era encontrar a tão sonhada Lagoa Dourada da famosa lenda indígena.

Todavia, a busca incessante das riquezas continua nas mentes dos incansáveis exploradores do novo Mundo, muito embora este sonho fique encubado durante longos anos na mente dos seus sucessores. O encanto de achar o tesouro, ou o ouro fácil de enriquecer a curto prazo, é reprodução fixa e constante na mente desvairada desses desbravadores dos sertões sul-americanos. Por isso, e não obstante já serem passados setenta e sete anos, eis que surge, com tanto ou mais vigor, outra aventura igual à de Aguirre, visando à descoberta daquelas fabulosas riquezas do "El Dorado".

Inicia-se outra nova expedição na busca aos imaginários tesouros, comandada pelo general Juan Palácios. Mas, ao chegar às margens do rio Aguarico, num violento enfrentamento tido com os índios "encabelados", a expedição é completamente desbaratada e destruída, com a grande maioria de seus componentes morta ou posta em fuga diante da fúria dos bravos e impetuosos índios.

É de bom alvitre dizer que os encabelados mantiveram-se quase sempre envolvidos em lutas ou guerras contra os espanhóis, na defesa daquela vasta região nas proximidades de Quito. É ainda nosso dever ressaltar que, inconscientemente, foram esses índios, a priori, os responsáveis pela delimitação, mais tarde, das fronteiras do Brasil com os outros países da América espanhola.

Daquela expedição, alguns poucos expedicionários escapam e rumam de volta a Quito, sob o comando do general Palácios. Outros, porém, numa pequena e frágil embarcação, descem o rio

Amazonas ao sabor da correnteza, até atingirem, ao acaso, a recém-fundada cidade de Belém.

Entre o pequeno grupo de fugitivos do massacre dos índios encabelados chegados a Belém, estão o frei Domingos de Brieda e o frei André de Toledo. Também seis soldados, cujos nomes não são conhecidos.

Ao chegarem à cidade de Belém e narrarem sua aventura, os religiosos provocam certo espanto, algum ceticismo e muito interesse no ânimo dos portugueses, desejosos de saber como é a vasta e exuberante região banhada pelas profundas águas caudalosas do grande rio Amazonas. Começa assim a germinar o grande interesse em saber o que existe de verdade nas entranhas daquela infindável selva amazônica.

Movidos por esse espírito de curiosidade ou pelo interesse de alargar as terras da Coroa portuguesa, e imbuídos em adquirir conhecimentos, os portugueses decidem percorrer toda a extensão daquele grande rio. Querem conhecer o verdadeiro mistério escondido por detrás da imensa e exuberante selva verde, banhada pelas águas profundas do Amazonas.

E Pedro Teixeira é o escolhido para mais essa missão, aceitando a incumbência na certeza de que a irá realizar. O emérito desbravador põe-se a percorrer a recôndita região, que se estende ao longo do grande rio Amazonas desde Belém do Pará, passando pelos contrafortes dos Andes e chegando a Quito, no Equador.

IX

O governador quer seu nome na história

Inicia-se aqui outra odisseia da conquista do Alto Amazonas, onde se vinca com maior força a miscigenação brasileira. A história tece-se agora tendo como pano de fundo a misteriosa floresta amazônica onde o espaço ocupado pela natureza tem, apenas e tão somente, os pios das aves canoras, os horríveis bramidos das feras selvagens e os arrulhos e roncos dos bandos de primatas. A floresta intumescida de colossais árvores pré-históricas escuta os bugios, também criaturas filhas de Deus. Não há nela a razão ou o conhecimento do homem civilizado perambulando pela mata, predador da própria natureza na perseguição ao animal vivo, que lhe serve ao sabor de sua gula insaciável do paladar ou do prazer de sua degustação.

O espírito pioneiro e determinado do empreendedor português projeta-se incansável neste mundo obscuro e desconhecido na história deste país. É relevante a impetuosidade com que se arroja a calcorrear nas florestas, nas matas e nos campos intermináveis, em perigosas viagens nas mais variadas vertentes destas terras; a descobrir-lhes os mistérios, as riquezas, os segredos, a sedução e a beleza, virando-a de todos os lados, de traz pra frente e vice-versa, até onde chega sua imaginação e suas forças físicas, quase inesgotáveis.

No limiar do conhecimento da Amazônia, Pedro Teixeira é elevado ao posto de capitão-mor. Mas estão suas intrépidas atuações guerreiras e bélicas à mercê da ambição desmedida do governador do Estado do Maranhão e Grão-Pará, Jácomo Raimundo de Noronha, que quer alcançar fama e cobrir-se de glória na difícil conquista dessa terra virgem.

Noronha é um homem extremamente ambicioso e, já à época, obstinado pelo poder que pressente na vasta região brasileira. Ao tomar conhecimento daqueles espanhóis fugitivos das profundezas das brenhas amazônicas, com alvoroço e grande euforia imagina um plano ambicioso para se tornar famoso aos olhos do mundo. Propõe-se a conquistar a extensa região de rios e selvas inóspitas para a Coroa portuguesa, e assim obter a fama e a glória tão ambicionadas. Com tal proeza, seu nome, de certo modo, passaria à história como sendo dele a glória da conquista das terras amazônicas.

Todavia, consciente de suas próprias limitações no conhecimento da zona, o governador sabe que para realizar tamanha proeza e plano tão ambicioso necessita de alguém competente, audacioso e ousado, que leve o projeto a bom termo. Em sua mente, Noronha está certo de que ninguém, além do audacioso e aguerrido Pedro Teixeira, reúne tão boas condições e tantas qualidades para a organização e execução de seu plano. É este o homem que, reunindo todos os predicados e condições, está talhado para o desempenho de tão espinhosa e audaciosa função.

Estas ilações levam Jácomo de Noronha a procurar o capitão-mor que, depois de conhecer minuciosamente o plano e inserir nele algumas das suas pretensões julgadas prioritárias e necessárias, aceita a incumbência com certas reservas, devido a algumas matérias pertinentes à sua realização.

Ficam acertadas entre ambos as condições em que o famoso militar vai escolher, dentro das fileiras do Exército Nacional, seus auxiliares diretos e indiretos. Há aspectos desse acerto dos quais Pedro Teixeira não abrira mão e não aceitara interferências de ninguém, como, por exemplo, a forma de arregimentar as pessoas para concretizar o difícil e ambicioso projeto.

Mantida essa diretriz na escolha de tanta gente capaz, Teixeira nomeia para ajudá-lo o coronel Bento Rodrigues de Oliveira, nascido no Rio de Janeiro. Com grandes predicados morais e militares, o coronel sabe falar corretamente a língua Tupi, e conhece bem os costumes indígenas. Convida também o capitão Pedro da Costa Favela, seu amigo de muitas outras jornadas, nascido em Pernambuco, um excelente cartógrafo e também conhecedor de costumes indígenas.

Além destes, aceitam fazer parte da expedição o capitão Antônio Azambuja, mestre-de-campo, e o sargento–mor Filipe Coutrim de Matos, ambos nascidos em Portugal. Também os capitães de Infantaria, Pedro Baião de Abreu e Inácio de Gusmão, mais o capitão Bento da Costa que deverá atuar como piloto-mor. Como em todas as expedições, há o costume levar um representante da Igreja Católica, e o frei capuchinho Agostinho das Chagas é chamado para desempenhar a função de capelão-mor da expedição.

Fazem também parte da grande aventura alguns sargentos, entre eles o filho natural do capitão-mor, Luís Teixeira; e mais setenta soldados portugueses, além de grande quantidade de chefes e guerreiros indígenas e suas famílias, aliados dos portugueses. Desses índios, a grande maioria já está convertida ao cristianismo.

Ao todo, a caravana deve contar com mais de duas mil almas. Além desta gente, vão o frei Domingos Brieda e os seis soldados espanhóis. Quanto ao frei André de Toledo, ele seguira para Espanha, com a finalidade de levar as informações sobre os episódios surgidos na selva amazônica às autoridades daquele país.

Tudo está devidamente organizado para a saída, mas certos tumultos e confusões acontecem antes da partida de Belém.

O Senado da Câmara de Belém, composto pelas autoridades que governavam a cidade, receia que a saída das tropas regulares possa pôr em risco a ordem e a defesa da cidade. Por isso, faz ao capitão-mor Aires de Sousa um dramático apelo para que este não acate as ordens do governador Jácomo de Noronha. Isso cria um verdadeiro impasse para a tropa, e a expedição fica acantonada na cidade até ao final de outubro desse mesmo ano. É preciso resolver a pendência para não deixar a cidade descoberta e sem defesa, à mercê dos ataques indígenas.

São longos os dias e há tanta gente junta sem ter do que se ocupar, um ambiente muito propício a tumultos e situações conflitantes. É natural que se tenham tramado diversas situações anormais. Estão reunidas pessoas das mais diversas condições e origens, em circunstâncias típicas ou atípicas, por vezes agradáveis e outras um tanto capadócias e acanalhadas, todos convivendo em nome da famosa expedição. É um grande número de pessoas dos mais variados tipos, brancos de diversas patentes militares e índios de várias tribos, todos sob o comando do arrojado capitão Pedro Teixeira.

Durante o estacionamento e a peregrinação da expedição, acontecem vários casos de traição, de briga, de amor, de ódio, de ciúme, de revolta entre brancos e índios, entre índios e índias, e até entre chefes tribais. Há conflitos de todas as espécies e gêneros nas relações entre as pessoas. Nas de cunho sexual inclusive, pois a maioria das tribos indígenas presentes é polígama e, embora não se dê tanta importância à fidelidade conjugal, há situações de ciúmes e brigas entre casais de índios. Soldados brancos mantêm relações com mulheres índias, que gostam daqueles homens. A ausência de mulheres brancas se faz sentir, sobretudo pelos soldados rasos que vieram ao Brasil destacados para o cumprimento do serviço militar obrigatório.

Destarte, estes homens passam a se casar ou a se amasiar com as morenas e graciosas índias brasileiras, constituindo prole. Ao contrário de outros colonizadores, como ingleses ou espanhóis que não se misturam aos nativos, os portugueses não têm qualquer rejeição em estabelecer relações de compadrio com os nativos dos territórios que conquistam e ocupam.

Estabelecem-se muitas relações entre índias e portugueses, surgindo daí a raça dos mamelucos, sobre os quais o grande sociólogo brasileiro Gilberto Freire nos dá belas e bem fundamentadas lições de sociologia em sua magnífica obra Casa Grande & Senzala.

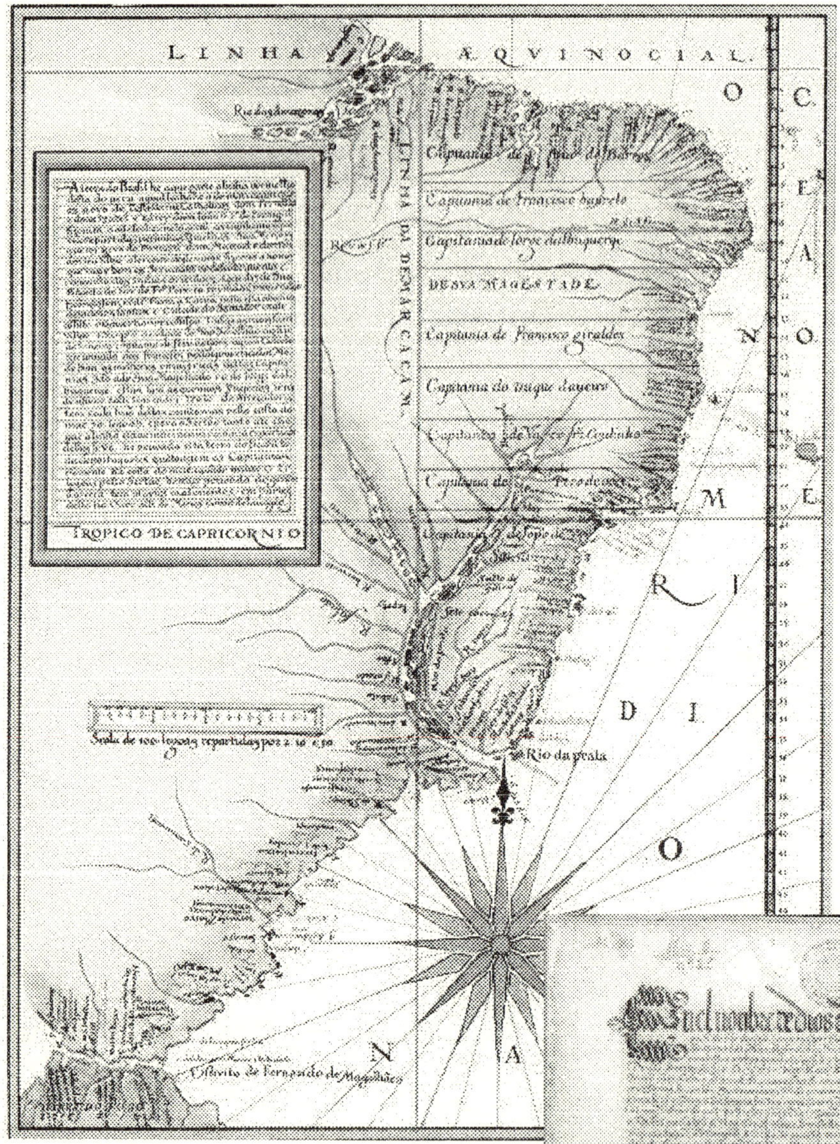

Tratado de Tordesilhas
(1494)

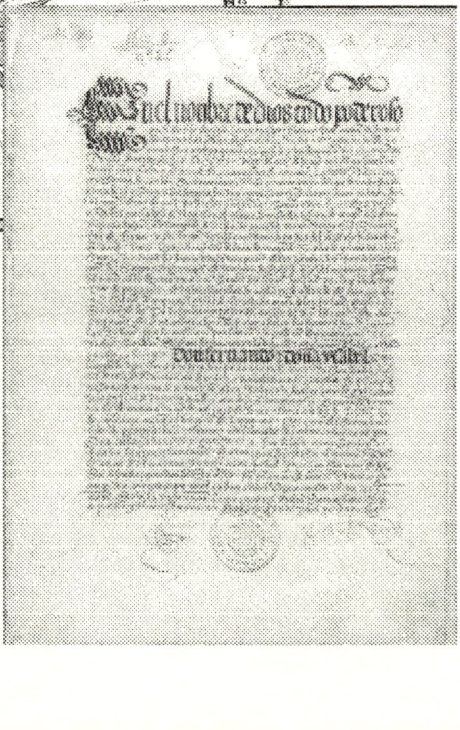

Folha de rosto do
Tratado de Tordesilhas
(1494)

Segunda Parte

A Conquista do Amazonas
(um romance)

X

A paixão de Junaína

Corre o mês de junho de 1637, quando é convocado para fazer parte da caravana de Pedro Teixeira um guerreiro da tribo dos Arauatés chamado Jurupanã, que desde a tenra idade fora catequizado e convertido à fé cristã pela congregação do jesuíta Luís Figueira. No momento de sua convocação para se apresentar ao departamento de recrutamento, fixado por edital de convite ao povo de Belém, ele aparenta ter por volta de uns 35 anos. Sua mulher se chama Carajaúna e eles têm quatro filhos vivos, tendo perdido outros quatro por morte prematura.

Jurupanã sempre fora homem valente, destemido e é muito bem conceituado entre os brancos que vivem na cidade de Belém, próxima à sua comunidade. Todos sabem bem de sua conduta moral e honesta, de sua ética, e ele é admitido sem mais formalidades por todos estes predicados.

De espírito alegre, está sempre pronto a ajudar os brancos e mamelucos nos assuntos importantes para ambas as comunidades, o que lhe confere, junto aos dois povos, o conceito de bom cidadão. Junto de sua família, colocara-se ao lado dos portugueses e da fé cristã com toda a sua dedicação e patriotismo. Poucos, mas muito poucos índios defendem as causas dos cristãos como Jurupanã o faz. Com toda devoção, ele e os seus seguem na expedição de

Pedro Teixeira, na companhia de outras tribos, em grande parte de índios convertidos ao cristianismo.

Depois de abraçar a religião católica, Jurupanã batiza-se com o nome de Martim Rodrigues, uma homenagem a um sertanista que fora morto em luta contra os índios bilreiros, que tinham sua taba nas proximidades de Belém muito antes desta cidade ser fundada pelos portugueses. Entretanto, o índio arauaté guarda bem fortes as suas tradições e, ao juntar-se à expedição de Pedro Teixeira para a conquista da Amazônia, conserva este seu nome de guerra, acreditando ser isso mais adequado para a missão a ser desempenhada.

Dos filhos de Jurupanã e de Carajaúna, a primeira é uma formosa e graciosa jovem de uns dezesseis anos, se tanto. É uma linda índia, convertida à fé cristã, recatada, ajuizada, inteligente e de fortes sentimentos. Dos outros filhos, todos do sexo masculino, um deve ter uns treze anos, o do meio tem uns dez e o caçula uns oito.

A jovem filha de Jurupanã chama-se Junaína. Seu corpo é esguio, mirificamente bem feito, de uma pele sublime e fina, cor de cobre. O rosto é angelical, delicado, de onde se destacam dois olhos amendoados, negros e profundos sob uma bela cabeleira cor de azeviche.

Sua beleza encanta a quem dela se acerque, e dá-lhe uma espécie de feitiço muito difícil de olvidar. No arraial, sua presença é cobiçada por todos os homens e invejada por todas as mulheres, por sua elegância e juventude. Como é de costume entre os índios, desde criança a bela nativa estava prometida pelos pais em casamento a um mancebo guerreiro da mesma tribo. O noivo, que tem uns vinte anos, demonstrara sempre muitos predicados para um grande futuro como guerreiro de alto valor, arrojado e audaz.

Mas, ao chegar com a família ao arraial, onde se estaciona a expedição em Belém, Junaína bate os olhos no sargento de Infantaria que toma conta do assentamento das pessoas que chegam. Ela sente em todo o seu ser uma grande emoção e um baque cheio de palpitações extraordinárias no seu coração. É tão incomensurável atração pelo sargento que ela quase desmaia, precisando ser amparada para não cair ao chão, de tão forte a tonteira e emoção que lhe vão ao peito.

Por um desses milagres de grandes afeições à primeira vista, a moça é fortemente acometida no controle de seus sentimentos emocionais e amorosos pela excelsa e bela figura do sargento. Ela, sempre uma dessas pessoas ajuizadas emocionalmente, de cores firmes, sadia e de um fortíssimo espírito, começa dali em diante a emagrecer, a perder as cores, ficando amarelada, fraca, sem forças e sem ânimo para nada, como se estivesse ou parecesse estar muito doente ou perdendo toda a sua capacidade de reagir ao mal que a aflige.

Conquanto os pais estejam sempre a perguntar-lhe por que não come, se sente alguma dor ou algum mal estar, Junaína, muito triste e fraca, responde invariavelmente que está tudo bem com ela. Mas os pais sabem perfeitamente que algo de anormal se passa com filha, eivada de uma tristeza profunda, sem que eles conheçam ao menos o que ia na alma de sua linda menina.

Assim passam os dias e a filha cada vez mais fraca, mais triste, sem falar a ninguém o que deveras a afligia, até que Jurupanã e sua mulher, convencidos de que a moça deve estar doente, resolvem levá-la ao pajé dos Ianomâmis, homem de idade já avançada e que não tivera disposição para aderir ao chamamento da caravana e segui-la, como outros de sua tribo.

Num primeiro instante, Jurupanã e Carajaúna falam a sós com o pajé para saber se ele os pode ajudar a descobrir as causas de a filha perder as cores e emagrecer assim tanto e tão de repente. Depois de muita conversa, o velho curandeiro lhes diz para lhe levarem a moça à sua presença na tenda, com a finalidade de fazer uma pajelança de observação e, com isso, poder orientar nalgum tratamento à moça.

Na sua boa fé, o casal leva a filha ao bruxo, somente para que este a examine e detecte-lhe os males que ela sofre.

Ora, o pajé, homem de uns cinquenta anos, experiente nestes casos de amor e de pajelança, ou de bruxaria, ao bater os olhos em Junaína logo pensa em tirar vantagem de alguma frustração amorosa pela qual a menina tão bonita esteja a passar.

Pelas observações tiradas, pelos primeiros sintomas e pelas afirmações dela, ele logo deduz haver ali algum enrustimento ou misteriosa frustração, senão alguma paixão por alguém. Todavia, para tirar algumas vantagens da enfermidade da moça, o pajé diz aos pais dela que a deixem a sós com ele e, assim, trata de preparar o terreno para se aproveitar, seduzindo a jovem com as conversas da fugaz pajelança. Ele tenta convencer Janaína de que só ele pode curá-la de seu mal, devendo ela, para isso, submeter-se às suas pajelanças e bruxarias para ficar boa de saúde em poucos dias.

Até então, Junaína, boa pessoa e desconhecedora da maldade das criaturas de Deus, acredita nos feitiços do pajé e pensa em submeter-se às pajelanças, sem qualquer desconfiança quanto às más intenções do bruxo. Mas, ele tenta convencer a jovem de que ela está com o diabo no corpo e que a única maneira de expulsá-lo é deitando-se com ele. A moça percebe então a manobra do bruxo e no mesmo instante reage fortemente, dizendo com palavras ásperas que contará ao pai a indecorosa proposta do pajé.

O bruxo, frustrado em sua tentativa de possuir a filha de Jurupanã, dá outra versão ao fato e inventa uma outra história. Sai espalhando pelo arraial que Junaína está doente porque tivera relações sexuais com alguém e deveria estar prenhe, muito provavelmente do seu namorado Uacari.

Com a falsa versão criada pelo feiticeiro, o assunto provoca muitas celeumas e dúvidas, mormente entre a família da moça que se dispõe então a pôr tudo em pratos limpos, para saber como tinha acontecido o caso da prenhez da jovem, que estivera sempre sob a atenta vigilância da mãe.

Ao relatar a Jurupanã o que se passara enquanto estivera a sós com o pajé, e contando-lhe as verdadeiras intenções do bruxo que inventara aquelas inverdades contra ela, Junaína assegura ao pai que jamais tivera intimidades com Uacari. Diz ainda que já não ama o índio, que sequer gosta um pouco dele, chegando até mesmo a detestá-lo. Ela confessa que, na verdade, um outro homem entrara repentinamente em seu coração, trazendo um sentimento de amor tão inesperado, e que ela jamais confessara a alguém. A jovem confidencia também ao pai que nem mesmo a pessoa de quem ela agora se apaixona é conhecedora de seus sentimentos. Esta é a razão de sua tristeza e de sua consternação, uma paixão que é causa e efeito de todos os seus males e sofrimentos.

O desabafo de Junaína cai como um pesadelo no seio da família, deixando os pais ainda mais preocupados. A partir daquele momento, como a moça não se abre para dizer quem é a pessoa pela qual se apaixonara, os pais resolvem procurar o capelão da expedição, frei Agostinho das Chagas, para este os ajudar a descobrir quem é esse homem.

Jurupanã e a mulher Carajaúna vão à procura do capelão para saber que rumo tomar sobre os amores da filha, e encontram-no já estava ciente do assunto, que rapidamente se espalhara pelo arraial. Porém quando toma conhecimento das invenções do bruxo, o frade fica perplexo com tantas mentiras ditas ao povo só para prejudicar a pobre moça. Fazendo o seu juízo de valor sobre tal situação, assim que o casal de índios bate na sua tenda, logo se mostra atencioso e cortês em recebê-los, saindo sorridente encontro do casal.

– Então, o que os traz por aqui, à tenda de um humilde servo de Deus – interpela-os alegremente, de braços abertos.

– Senhor capelão – diz Jurupanã – não sei se sabe o que aconteceu à minha filha!

– Sim, sim! Estou mais ou menos a par desses mexericos. Mas, não se preocupe que isso é assim mesmo. O povo inventa tudo. Estou plenamente convencido de que sua filha é uma moça honesta. Isso são tudo mentiras, portanto não faça caso dessas conversas.

– De fato, ela me garantiu que são tudo invenções do pajé. Porém, o que me traz aqui é outro assunto que no momento me perturba e preocupa mais. O que eu quero saber é se o senhor capelão nos pode ajudar a descobrir quem é o homem que está a provocar aquela paixão desenfreada em nossa Junaína. Este assunto é que mais me importa e mais me preocupa neste momento, o senhor entende, não é? Será que o senhor poderia ajudar-nos a descobrir quem é esse rapaz? Para mim ela não quer dizer quem é essa pessoa...

– Bem, eu só não lhe posso garantir que vou descobrir quem é essa pessoa, mas tudo farei para saber de quem se trata, está bem?

Após alguns minutos de reflexão, o índio vira-se para o capelão e diz:

– Fico muito, mas, muito agradecido, senhor capelão. Mas gostaria que minha filha não se entregasse a qualquer um, sem os sacramentos da nossa Igreja – acrescenta Jurupanã, cabisbaixo, quase chorando.

Frei Agostinho das Chagas conhece bem o caráter de Junaína, sabe dos seus sentimentos religiosos, cristãos e, na breve conversa havida com os pais da moça, vislumbra logo uma maneira prática de descobrir quem é o príncipe encantado de Junaína. Para isso, no domingo seguinte a esta conversa, pede aos cristãos de toda a comunidade que passem pelo ato de confissão, naturalmente contando com a presença da bonita e graciosa índia. Dito e feito: ao começar o ato, entre os fiéis que vão receber o sacramento da Santa Madre Igreja está a filha de Jurupanã. E o religioso já sabe como arrancar da simplicidade da indiazinha o nome do rapaz por quem ela está apaixonada, sem a fazer desconfiar.

No confessionário, pergunta daqui, pergunta dali, Janaína acaba por declinar ao capelão o nome do homem por quem se apaixonara. Segundo ela, o rapaz pelo qual tem profunda admiração e grande paixão é um sargento do exército, chamado Luis António Teixeira. Todavia, na ideia da moça, ele nem sabia dessa paixão recôndita.

Alguns dias depois da confissão, frei Agostinho manda chamar os pais da moça, e lhes diz o nome do rapaz por quem a filha deles está apaixonada. Depois de longa conversa, o religioso pede encarecidamente aos pais que não revelem de forma alguma fonte da descoberta do segredo, dado o modo não muito correto como fora obtido. E assim não se contrariariam os princípios da Igreja Católica.

Depois de conhecerem pelo frei o nome do homem por quem a filha tão cegamente se apaixonara, seus pais prometem guardar sigilo. Mas o segredo corre de boca em boca, como a mais benfazeja notícia sobre o derriço de Junaína.

XI

O filho de Pedro Teixeira

Luis António Teixeira é um mancebo alto, de mais ou menos 1,80 metro de altura, filho natural de Pedro Teixeira e de uma índia das cercanias de São Luis do Maranhão. Um mameluco que, logo ao nascer, fora acolhido pela esposa de Teixeira para ser criado e educado conforme os costumes portugueses.

O rapaz faz-se homem e, seguindo os exemplos do pai, serve ao Exército Nacional. Agora, na patente de sargento-de-ordens, acompanha a caravana comandada por Pedro Teixeira na aventura de navegar pelo Amazonas e subir pelas encostas dos Andes até atingir Quito, no Equador.

Ninguém melhor que frei Agostinho conhece o rapaz por quem Junaína nutre o silencioso amor. O capelão só não dera pulos de alegria ao saber que era quem provocava tão desenfreada paixão, porque estava em lugar sagrado e não apropriado a manifestações de regozijo de pessoas de alguma maneira responsáveis. Não podia, de forma alguma, chamar a atenção dos outros fiéis com manifestações hilariantes.

O capelão, que estivera por várias vezes com o rapaz sem conseguir captar-lhe as intenções em relação à bela filha de Jurupanã, não se atrevera a conjecturar sobre assunto tão melindroso. No entanto, sabe da honestidade e honradez do jovem, que é incapaz de se aproveitar de um momento de fraqueza da mocinha índia e de sua ingenuidade. Diante destas conjecturas e ilações, manda chamar Luis Teixeira para uma conversa séria sobre o assunto.

Como subordinado que é, Luis Teixeira vai à tenda do capelão, pensando tratar-se de alguma função relacionada à expedição. Está pronto a ajudar o religioso no que estiver ao seu alcance para o bom ordenamento da colossal caravana.

Conversam por umas duas horas, sem nada de positivo ser dito sobre a verdadeira causa da ida do sargento à tenda do religioso. Mas, de repente, frei Agostinho, muito sério, olhando no fundo dos olhos do seu interlocutor, indaga:

– Oh, sargento, diga-me uma coisa. Se soubesse da existência de uma moça aqui do arraial que estivesse loucamente apaixonada pelo senhor, qual seria a sua reação?

O sargento, diante da pergunta feita tão de supetão, retruca com outra indagação:

– Creio que não foi para saber dos meus amores ou dos meus segredos que o senhor capelão me mandou chamar... ou foi?

– Se quer saber a verdade, foi, sim senhor – responde o capelão incisivo.

– Frei Agostinho, – retruca o sargento – não é isso uma coisa normal, uma moça apaixonar-se por um rapaz? Não é natural que entre dois jovens haja paixões? E posso, de pronto, confessar-lhe que ia me comportar com o máximo respeito e a máxima atenção pelos sentimentos amorosos de uma jovem.

– Bem, bem – retruca o capelão – deixemos de retóricas! Faço-lhe uma pergunta objetiva e direta, e o senhor vem aí com subterfúgios, com hipóteses românticas, de certo modo ocas ou vagas, sem conteúdo objetivo. Eu quero que o senhor diga objetivamente sobre a questão que lhe perguntei: o que é que o senhor pensa e o que faria a respeito?

– Ora essa! Eu também lhe respondi objetivamente. Eu disse e confirmo que teria o máximo respeito pelos sentimentos amorosos dessa jovem. Não é isto que o senhor gostaria de saber ou escutar de minha parte?

E, o capelão, atalhando a conversa, diz:

– Sim, de certo modo, sim. E digo também que acho sua resposta agora bastante direta. Mas, diga-me uma coisa, sargento, com a máxima sinceridade: e se essa jovem fosse índia, o que faria o senhor?

– O que faria eu? Essa é boa! Faria o que tenho feito até aqui ou que sempre fiz! Ou o senhor pensa que eu não sei quem é a jovem a que nos referimos! Sei muito bem de quem se trata. Entretanto, também conheço a situação dela e o seu compromisso para com o seu pai, com seu noivo e com seu povo. Por isso, tenho-me mantido à distância, por entender e não querer criar empecilhos nem tumultos a nossa causa e nem às famílias envolvidas nesse episódio. Entende o senhor, frei Agostinho?

– Ah! – suspira fundo o capelão, com admiração – então sabe que Junaína está apaixonada pelo senhor, e nada faz... nem ao menos lhe dirige um gracejo ou uma palavra de amor?

– Não, senhor! Mantenho-me à distância todo este tempo, retraído, afastado dela para não causar problemas ao nosso movimento e à nossa causa! Muito embora também esteja apaixonado por ela! E ela também sabe disso!

– Ela sabe que o senhor também a ama?

– Sabe, sim senhor!

– Muito bem – exclama o frade – Agora quem fica triste sou eu, pois sabendo que vocês se amam, e também da situação que os impede de realizar esse grande amor, só tenho a pedir-lhe que tenha paciência e muita fé em Deus. O senhor respeita a posição que ocupa junto a nossos chefes e também os sentimentos da jovem.

– E quero deixar aqui um voto de confiança e louvar sua atitude como homem de Deus, por ter forças suficientes para se resignar com tão pouca sorte! Parabéns, homem! Parabéns! – acrescenta o religioso.

Com lágrimas nos olhos, o sargento Teixeira apenas balbucia um agradecimento pelas palavras de conforto do frade e retira-se com um nó na garganta, querendo chorar por toda sua emoção.

Passados dois dias, frei Agostinho das Chagas manda chamar Jurupanã e a mulher para conversarem sobre o assunto. Como o chamado do capelão soa como uma ordem, o casal atende-o imediatamente. Ao chegarem à tenda, um sentinela que monta guarda à porta vai avisar o capelão da presença do casal.

– Diga-lhes que esperem um pouco, já estou terminando minhas orações – diz o capelão com um sorriso de alegria nos lábios, indo estar com o casal alguns minutos depois.

Jurupanã, com certa sofreguidão pergunta-lhe:

– O que o senhor tem agora para nos dizer, frei Agostinho, sobre esse caso de amor de nossa filha?

– O rapaz, Luis Teixeira, é pessoa de bem e também está apaixonado por Junaína – assegura-lhes o religioso, que os adverte:

– Talvez vocês devam preocupar-se com Uacari, porque o assunto agora deve cair na boca do mundo. E eu não sei como ele reagirá!

Conquanto as referências de frei Agostinho sejam as melhores, e os pais da jovem índia também conheçam o jovem sargento por quem Junaína se apaixonara, a situação é incômoda para todos porque quando Uacari souber do caso, deverá virar um demônio dentro do acampamento.

Bem dito, bem feito! Não se passaram ainda dois dias desta conversa e no arraial todos já sabem do fato. E, consequentemente, Uacari também fica sabendo da situação desagradável, transmitida a ele da pior maneira. Na verdade, há pessoas maldosas, cuja malícia vem quase sempre acompanhada de alguma inveja, com a finalidade de destruir, ao invés de construir. Assim, logo a história se espalha, contando tudo o que ocorrera e mais o que não ocorrera. Uacari vira um demônio, pondo em verdadeiro alvoroço ou em verdadeira guerra campal quase toda a expedição, como se um furacão por ali passara.

Pela maneira como lhe foi narrada a história, Uacari vem à tenda do futuro sogro com todas as suas iras e maus fígados, querendo tirar satisfações, furibundo, sentindo-se traído pela jovem noiva. Quer, a todo o custo, saber como tinha sido a traição, como foram os encontros secretos e recônditos entre a noiva e o sargento. Mesmo que este seja filho do capitão-mor da expedição, para o jovem índio guerreiro a situação constitui-se numa verdadeira afronta aos costumes de sua tribo. Enfim, arruma uma arruaça dos diabos e promete, em alto e bom som, uma tocaia para assassinar o sargento Luis Teixeira.

A muito custo, Jurupanã convence o jovem guerreiro de que nada realmente acontecera entre sua filha e o militar, que tudo é apenas fantasia da menina. Assim sendo, reafirma ao jovem índio que o acordo entre eles ainda estava de pé e que, tão logo regressem da expedição, o casamento entre Uacari e Junaína deverá ser realizado sem qualquer impedimento.

Após a discussão, sabendo ainda valer o acordo de casamento há muito firmado entre seus pais e os pais de Junaína, Uacari dá-se por convencido. Mas ainda alimenta a ideia de mais tarde acertar contas com Luis Teixeira, talvez numa revanche sangrenta contra o filho do capitão-mor.

O guerreiro está ciente de que a jovem Junaína não o ama, nem quer mais se casar com ele. Mas, assim mesmo tem ainda esperança de conquistar o amor da índia. Desconfiado sobre este episódio da alegada traição por parte da moça, retira-se ameaçando toda a família de Jurupanã, caso seja vítima de deslealdade ou perfídia por parte daquela família na qual perdera a confiança, e que passa a odiar.

XII

Rumo ao desconhecido

Estamos no principio do mês de agosto do ano de 1637. Pedro Teixeira, depois de acalmados os ânimos na cidade de Santa Maria de Belém, põe-se em movimento com sua tropa de expedicionários em direção a Cametá, povoação do interior do Amazonas.

Naquele lugar primitivo, numa manhã ensolarada, álacre, intumescida de cores vivas e bizarras de matizes diversos, o ar é quente e tremendamente úmido. Pelo céu de um azul anil, centenas de milhares de pássaros em revoadas alegres fazem rasgos branquicentos na abóbada celeste. Tal esplendor do Universo, com sol muito claro e tremeluzente, causa certa perplexidade e alguma hesitação aos componentes da expedição.

Logo ao nascer do astro-rei, os fiéis, genuflexos, rezam a missa campal no ponto mais alto do arraial, oficiada, como de costume, pelo capelão-mor da grande expedição, frei Agostinho das Chagas, tendo a ajudá-lo o frade espanhol Domingos de Brieda. Naqueles longínquos rincões dos sertões brasileiros, cerca de dois milhares de expedicionários assistem à cerimônia e comungam sob sol escaldante. É belo o ato religioso, no qual todos reverenciam a cruz com a imagem do Cristo com a cabeça pendida para um lado, como que a indicar para qual direção os expedicionários destas agrestes paragens devam-se dirigir. Parece que a missão principal a ser seguida e cumprida está sob a égide e orientação de Deus.

Junto ao altar em meio à selva, estão ajoelhados o capitão-mor Pedro Teixeira e seu ajudante-de-ordens, cel. Bento Rodrigues; e os capitães Pedro da Costa Favela, António Azambuja, Pedro Baião de Abreu e Bento da Costa. Também sargentos, soldados e uma grande quantidade de guerreiros remadores, índios e suas famílias, mais alguns portugueses dessa região inóspita do inferno amazônico.

Grande é a multidão que assiste à missa, pois é rara a presença de representantes de Deus nestas paragens, para dizerem os sacramentos. Os fiéis acorrem das mais longínquas localidades dos fundões dos sertões brasileiros, para resgatar sua extremada fé em Cristo, trazendo-o em seus corações que se sentem confortados pelos religiosos. Naquele distante lugar, frei Agostinho das Chagas já tem fama de ser santo milagreiro entre os gentios!

Depois das bênçãos de frei Agostinho, cada um dos fiéis vai ocupar-se das funções que lhe competem dentro da caravana. Gente muito qualificada fora contratada pelo capitão-mor para construir as canoas necessárias ao avanço pelo grande rio, além de outras daquelas embarcações já prontas, adquiridas para tal fim. Neste lugar de Cametá, setenta embarcações, sendo quarenta e sete de grande porte e o restante um pouco menores, todas em ótimas condições de navegação, foram construídas e postas à disposição da grande expedição.

Em Gurupá, comunidade um pouco mais adiante, Pedro Teixeira trata das derradeiras providências para a grande largada. Todavia, só a 20 de outubro de 1637, é que a caravana se movimenta e parte rio acima. Esta viagem culminará com a conquista daquela vasta região, que dará ao Brasil a grande dimensão em quilômetros quadrados que o país terá no futuro.

A 3 de dezembro daquele mesmo ano, o capitão Teixeira está em frente a uma enorme ilha desconhecida até então, à qual dá o nome de Areias. Logo a seguir, em janeiro de 1638, descobre a foz do rio Negro onde, mais tarde, a uma distância de uns 15 quilômetros, seria fundada a cidade de Manaus, que se tornará a capital do Estado do Amazonas.

A imensa região é povoada por índios que conhecem algumas palavras de Português, sendo esses os nativos dos mais carniceiros entre todos os que habitam a bacia amazônica. Relatos posteriores do grande sertanista darão conta de que estes índios canibais, das tribos Omáguas ou Cambebas, não comiam outra carne que não fosse a carne humana dos próprios índios adversários. Mas, de forma alguma, esses selvagens nativos comiam carne das populações de homens brancos porque entendiam serem eles seres divinos, "filhos do Sol".

Com estes indígenas, os portugueses estabelecem fortes relações de trocas, fornecendo-lhes anzóis, facões, machados e outras ferramentas usadas no corte de árvores, e deles recebendo milho, mandioca, peixe seco e carnes diversas.

XIII

Desafios rio acima

A saída da expedição em rumo contrário à correnteza do fabuloso rio Amazonas dificulta-lhe o avanço por entre a selva densa e exuberante de suas margens intumescidas de árvores colossais e enormes arbustos silvestres, com sua fauna selvagem, cheia de surpresa e perigos constantes. Há ali feras impetuosas e traiçoeiras, como enormes jacarés com mais de cinco metros de comprimento e sucuris imponentes em seus mais de dez metros, além de onças e outras feras de menor porte que, na tocaia, espreitam os invasores de seu habitat natural.

Os raios solares dos trópicos fustigam os rostos morenos e barbaçudos daquela arrojada gente que já tantas vezes dera exemplos de muito amor à pátria durante as Entradas e Bandeiras nas infinitas selvas virgens, com o fito de alargar o Brasil daquelas eras. Ao partirem, estes homens de fisionomia dura e olhar confiante, veem somente água de um lado e mata serrada e verdejante de outro. Em suas mentes, dois grandes objetivos.

O primeiro é sua sobrevivência nesta estupenda glória de serem os primeiros e únicos a pisarem o solo fértil e puro da Amazônia. O segundo é o engrandecimento do Brasil, aliado à conquista das riquezas pecuniárias da terra virgem e inexplorada, com enormes horizontes à sua frente. Assim, esta gente deixa-se deslizar pelas águas profundas e perigosas do Amazonas, ora mais lentas, ora mais abruptas e tumultuadas, remando contra a correnteza e percorrendo rio acima, contrários à sua nascente.

As vestes dos brancos são feitas de pesados couros ou de grossas estamenhas. Usam enormes chapelões que os protegem do sol escaldante e também para diferenciá-los dos índios que, à exceção dos já catequizados, cobrem-se apenas de pequenas tangas; os guerreiros ornando as cabeças com cocares feitos de enormes penas coloridas das aves selvagens dos trópicos amazonenses.

Nestas condições naturais e primitivas, toda a seiva da natureza tropical borbulha, vinda das entranhas da selva rica, copiosa e impenetrável. Os troncos gigantescos das árvores, caídas pela idade ou pelas tempestades, são quase intransponíveis pelo vigor não só das suas raízes mas, principalmente, pelas frondes cheias de ramagens construídas ao longo dos séculos. Grandes e enormes guararemas, com até quarenta metros de altura, cheias de parasitas e cipós, nelas se fincam e se penduram.

Depois, os buritis altíssimos, os tucimanas lisos e altos, bacabas, jacarandás e outras espécies de tamanho descomunal, dentro daquela selva jamais vista. E ainda os parasitas de todas as qualidades a importunar os membros da caravana, impondo-lhes o seu estupendo vigor, respeito e vontade, onde a lei do mais forte é sinônimo de sobrevivência, capaz de impedir ou de interromper a penetração dos indecisos ou dos mais fracos.

Aves aos bandos cruzam os céus. São tucanos, araras, arapongas, com seu grasnar ou martelar estridente do seu canto; ou os papagaios chilreando e esvoaçando por entre a selva imensa, aos milhares. As níveas e imponentes garças e flamingos passeando, debicando alimentos, sempre elegantes com suas plumas multicolores pelas margens do enorme rio. Os marrecos das águas profundas em busca de alimentos. Os invisíveis uirapurus, que jamais se deixam ver, mas cujo canto suave e harmonioso ressoa canoro e bonito pela selva densa e infinita.

No grande e caudaloso rio, os perigosos e enormes jacarés, sempre traiçoeiros e espreitando na tocaia suas vítimas, seguem de perto as embarcações da expedição, concorrendo com os cardumes de piranhas carnívoras que ficam babujando as águas revoltas por onde navegavam as canoas. E também as gigantescas sucuris, um pouco mais discretas e sempre prontas a dar o bote de misericórdia na presa desprevenida. Enfim, uma imensa variedade de seres compondo um cenário parecido ora com um inferno, ora com um paraíso. Animais de todas as espécies têm olhos e sentidos fixos no homem, cuja pequenez diante desta grandeza natural é gritante, tornando-o insignificante e impotente. Mas ainda assim o ser humano é tão assustador, temido e inoportuno aos seres de outro habitat que rodeia, acuando-os e assustando-os com sua presença.

Os índios Cambebas respeitam os homens brancos como seres superiores e onipotentes, ou enviados por Tupã, o deus filho do Sol, a maior entidade sobrenatural daquela cultura. E praticam com eles o escambo em larga escala. Mas, ainda que a expedição tenha muitos aliados, há também muitas dificuldades em virtude do tamanho e da quantidade de elementos que a compõem. O maior problema é sua movimentação, porque os remadores despendem enorme esforço físico para fazer avançar a caravana, que começa a dar sinais de cansaço e desalento para prosseguir a viagem.

Daí, surgem às primeiras deserções logo em fevereiro, com as tripulações começando a dar mostras de rebelião por causa do interminável percurso, mormente pela luta titânica contra a correnteza das águas revoltas em certos trechos do rio. Em decorrência disso, a cada dia que passa, o desalento e a angústia se apoderam com maior intensidade dos remadores, que se alternam entre os expedicionários, com as deserções acontecendo com mais frequência entre os índios.

Contudo, Pedro Teixeira, usa seu poder de persuasão e sua grande visão de estrategista habituado a lidar com as massas populares, e faz espalhar entre os membros da caravana que a viagem já está muito próxima do fim de seu percurso traçado desde a saída de Cametá. Esta notícia traz novo ânimo às tripulações e, para facilitar seu modo de convencimento, Teixeira manda à frente do grande exército um pequeno batalhão, composto de oito canoas comandadas pelo subcomandante, coronel Bento de Oliveira. O objetivo é combater as enormes dificuldades no avanço da grande caravana em se locomover nos lugares sabidamente inóspitos, visando mostrar a alguns componentes da expedição o encurtamento do tempo gasto e do próprio percurso a ser seguido.

A 3 de julho, o núcleo avançado da expedição atinge a foz do rio Napo. E, ali, na foz desse rio, homens do batalhão ficam esperando o grosso da caravana, que chega três dias depois. Fazem então uma pausa para descanso, especialmente para os remadores que estão exauridos por ir rio acima, contra todos os obstáculos e barreiras surgidos naquela longa e difícil viagem desde a sua largada.

Tinham-se passado quase oito meses de enormes sacrifícios e lutas constantes contra as intempéries. Por isso, bem merecem os expedicionários uns dias de folga, após tantos e tão largos esforços despendidos em lutas homéricas, ora contra a exuberância da natureza que, muitas vezes, os impede de continuar; ora, contra o cansaço que lhes tolhe os membros, roubando-lhes todas as forças.

Para prosseguir, é preciso ainda reorganizar o que se havia desorganizado e deteriorado. É justo e conveniente um pouco de repouso, não só para meditar sobre as relações entre amigos e companheiros de lutas, mas também para relaxar os músculos endurecidos pela constante alteração do sistema nervoso, muitas vezes à flor da pele. Nada pode ser mais salutar e edificante do que descontrair um pouco e amainar a carga emocional dos componentes da expedição. E, assim, faz-se uma pausa para descanso no meio da compacta selva amazônica.

XIV

A vingança de Uacari

Uacari ficara furioso ao saber do descaso de Junaína pela sua pessoa, por ela ter perdido o interesse por ele e confessado sua paixão pelo sargento Luis Teixeira. Fizera ele tudo o que estava ao seu alcance para reconquistar o amor da jovem filha de Jurupanã. Porém, ela não quer mais tratar com ele das questões de amor. Conversa, ri, brinca, mas se ele toca em assuntos sentimentais, ela desconversa ou faz não entender o que ele diz; não dá resposta e, absorta, cala-se, não dando atenção à conversa. Ele, então, fica furibundo e jura vingança.

O guerreiro só vem pensando em planos macabros para ter de volta a jovem Junaína. Na verdade, está ainda loucamente apaixonado por sua prometida e, desesperado, pensa numa oportunidade para colocar seus planos em prática. E agora, com a caravana parada, eis que surge ocasião favorável para concretizar seus projetos mórbidos ou suas transas diabólicas.

Estamos no mês de julho, tempo de chuvas na bacia amazônica. Aproveitando-se do clima de deserções que acontece entre os membros da caravana, numa noite muito chuvosa, Uacari, mais uns oito guerreiros de sua tribo raptam toda a família de Jurupanã.

Naquela noite nevoenta e fria, tudo conspira para o plano ideado pelo guerreiro arauaté dar certo. A abundante chuva castigando o acampamento e uma forte serração imperando por todo o arraial dificultam às sentinelas a visão do movimento dos fugitivos. Só ao amanhecer é que os próprios índios da tribo de Jurupanã dão pela falta da família e de outros membros do grupo. Desconhecem que Jurupanã tivera sido coagido, sob ameaça de ser degolado, caso ele e sua família não seguissem as instruções dos outros desertores, conforme determinações de Uacari. Armado em chefe do pequeno grupo de desertores, o jovem guerreiro dominara a família de Jurupanã amarrando as mãos de uns aos outros com pedaços de pano e, com mordaças do mesmo tecido, tapando-lhes as bocas e impedindo-os de pedir socorro ou de alertar alguém que os visse em fuga.

Dada a falta do grupo fugitivo, Pedro Teixeira convoca imediatamente alguns dos seus melhores auxiliares para discutir o assunto e resolver a questão da captura dos fugitivos. Para tratar dessa missão, o capitão-mor reúne uma brigada com a finalidade de perseguir o grupo, e reintegrá-lo ao núcleo militar. O sargento Luis Teixeira, tão logo toma conhecimento de que a família de Jurupanã faz parte do grupo evadido, dispõe-se a compor o tal grupo especial de busca. Movido por sentimentos dos mais íntimos, ele não admite a hipótese de Jurupanã ter seguido aquela gente desertora por livre e espontânea vontade.

Mas, há boa demora na convocação e organização dos componentes da brigada que começará a perseguir os desertores, fato que dá aos fugitivos uma boa dianteira. Finalmente, após algumas horas, Pedro Teixeira consegue agrupar vários homens, uns voluntários, outros por convocação, começando imediatamente a perseguição aos fugitivos. O comando dessa operação é dado ao sargento Teixeira, coadjuvado por mais quatro soldados e quinze guerreiros índios, escolhidos a dedo pelo sargento, que neles deposita muita confiança.

Uacari tem dianteira de seis a oito horas do grupo de perseguidores, que encontram dificuldades para detectar os primeiros rastros do grupo fugitivo, em razão de complicada camuflagem usada pelos desertores à saída do acampamento. Porém, por intuição de alguns elementos indígenas, o grupo chefiado por Luis Teixeira logo encontra sinais da fuga do grupo e segue a pista por mais ou menos uns mil metros por entre a selva. Após uns poucos passos, descobrem os perseguidores alguns fortes e bem visíveis indícios do preparo dos fugitivos pela margem do rio. Metem-se então numa canoa, deslizando pela correnteza a favor das águas caudalosas, iniciando uma perseguição sem tréguas contra os evadidos.

Mais destra e mais organizada, sem muito custo a brigada aos poucos vai encurtando a distância que tem dos fugitivos. Isto ocorre principalmente porque Jurupanã, sem que o seu raptor veja, vai deixando por onde eles avançavam pistas sinalizadas com ramos de árvores que ele vai quebrando à sua passagem. Porém, Uacari logo descobre a artimanha e põe-se de atalaia, a fim de impedir Jurupanã de jogar galhos pelo rio e assim fornecer rastros aos possíveis seguidores do grupo.

Porém, depois de navegarem quase um dia inteiro, logo adiante aparece um afluente do Amazonas, onde Uacari adentra para se esconder. Já é quase noite e eles precisam descansar. O jovem guerreiro imagina que, sendo seguido nesta sua violenta fuga, se estiver escondido poderá surpreender seus seguidores, atacá-los e fazê-los também prisioneiros. Assim, amarra sua a canoa a uma árvore. Enquanto uns se alimentam, outros ficam de vigília, atentos ao grupo que sequestraram e observando se estão sendo seguidos na passagem pelo grande rio.

Com o mesmo pensamento de dar descanso ao grupo, o sargento Teixeira e seus homens resolvem parar e dar prosseguimento à perseguição na manhã seguinte. O denso negrume dificulta a visualização em derredor, e convém repousar e comer alguma coisa.

Já nos primeiros clarões da alvorada, os homens do sargento se preparam para retomar a marchar de busca dos desertores. Agora, o avanço entre os dois grupos é bem menor, umas três horas talvez, mas a falta de pistas dos fugitivos põe de sobreaviso o destacamento comandado pelo sargento, que começa a avançar mais lentamente.

Uacari, escondido naquele pequeno afluente do grande rio, não percebera ao ali se esconder que fora visto por uns poucos índios da tribo Cambebas que andam pescando e caçando naquelas cercanias. Num primeiro momento, os cambebas pensam em atacá-los, mas estão em pequeno número e resolvem buscar reforços em sua taba, situada a pouca distância dali, com a finalidade de aprisionar o grupo de desertores.

A mataria muito espessa, onde a passarada da grande floresta canta alegremente ao raiar do sol que viera muito branco e quente, dá a noção de uma simulação aparente aos fugitivos. De outro lado, eles sentem e veem o fervilhar dos peixes carnívoros, esfomeados, dispostos a atacar quem caísse naquelas águas profundas do rio. São piranhas que saltam fora d água, em sua fúria carnívora à procura de alimento.

Os companheiros de Uacari observam arrepiados aqueles pequenos seres carnívoros, prontos a devorar qualquer coisa que caia nas águas. Muito quietos em seu esconderijo, pensavam estar seguros, ali amoitados na mataria exuberante da selva densa.

É quando repentinamente, de dentro da mata saem em grande algazarra uns trinta ou quarenta guerreiros cambebas, armados de arcos e flechas. Eles caem em cima dos homens de Uacari, matam os dois sentinelas que montam guarda e, aos gritos de triunfo, aprisionam toda aquela gente e levam-na para a sua maloca.

Por ironia do destino, um dos filhos de Jurupanã, o mais novo, tivera se ausentado do grupo dos desertores. Ao ver que os cambebas se acercam de onde está a sua família e levam todos presos pela selva adentro, o menino índio se esconde dentro de um magote de juncos nascidos, ao acaso, na margem do rio. Tremendo de medo, o menino ali se oculta durante largo espaço de tempo, só de lá saindo quando sente não haver mais perigo de ser notado pelo grupo dos cambebas. E, ao sair de dentro dos juncos, vai caminhando em direção contrária à picada por onde caminharam os cambebas, que se internaram na mata. Não anda o menino duzentos metros e encontra a margem do grande rio.

Apesar de estar habituado a andar pela selva desde muito pequeno, ali naquele lugar ermo, sem viva alma, rodeado pela água de um lado e pela mata de outro, sozinho, e sem ninguém no mundo para socorrê-lo, o pequenino filho de Jurupanã senta-se numa pedra da margem do rio, e chora de tanto medo. Mas, depois de alguns minutos, nota algumas vozes e arrulhos, lá muito longe. Põe-se a escutar melhor, imaginando estar a ouvir coisas impossíveis, porque não lhe parecem verdadeiras aquelas vozes num sitio tão distante como aquele. Seguindo os ensinamentos de sua família e dos seus companheiros de tribo, encosta o ouvido ao chão e pode distinguir certos ruídos que só podem ser de pessoas navegando pelo rio. Com receio de que sejam novamente os cambebas, o menino torna a esconder-se numa touceira de barbas de bode, de onde tem boa visão para o rio, por entre uma fresta que ele abrira no meio do magote de mato. Ali fica a criança durante muito tempo, quando vê aproximar-se uma canoa parecida com aquela em que ele viajara com os seus familiares, reféns de Uacari.

E são imensos o regozijo e a alegria do moleque ao lobrigar alguém que vem naquela canoa, parecendo-lhe ser um conhecido em que poderá confiar para salvar a sua pele ou resgatar sua vida em perigo iminente, mormente daquela angústia que tem no coração. Então, um dos comandados do sargento Teixeira reconhece a criança, que chora sozinha naquela selva. Aproximada a embarcação, pergunta ao pequenino:

– E os outros fugitivos, o seu pai, a sua família, onde estão?

– Foram todos feitos prisioneiros pelos guerreiros de uma tribo daqui – responde o indiozinho, de nome Ajurigaba.

– E você como escapou? – indaga o sargento, meio desconfiado por ver o indiozinho ali, só e desamparado.

– Eu estava fora da canoa quando chegaram uns trinta guerreiros de surpresa. Eles fizeram prisioneiros todos que estavam na barca, meu pai, minha mãe, meus irmãos e o resto dos índios da minha tribo – diz a criança.

– Espera aí um pouco que nós já o vamos apanhar – afirma o sargento. E dando ordens para a barca fazer uma pequena inspeção na margem do rio, manda alguns homens descerem com o máximo cuidado, pensando tratar-se de alguma cilada planejada por Uacari e, por isso, tomando precauções ao pegar o indiozinho. Porém, os batedores do sargento fazem uma inspeção em redor do local onde encontraram Ajurigaba e constatam que ele falara a verdade. Em seguida, começam a inquirir o moleque sobre a captura dos seus companheiros, chegando à conclusão de que o indiozinho revelara a pura verdade. Pedem ao menino que relate todo o acontecido na captura dos seus companheiros de fuga. O filho de Jurupanã faz uma exposição detalhada de como os cambebas antropófagos aprisionaram o grupo, e também da direção que eles seguiram.

Feita a descrição, o destacamento do sargento inicia-se numa batida para encontrar o rastro, pretendendo situarem-se no terreno para onde teriam sido levados os índios companheiros de Uacari, cuja situação, por certo, não deveria ser nada confortável e muito menos de meter inveja a alguém.

A tropa entra pela margem do rio adentro. A uns setenta metros, encontra uma picada numa elevação, mostrando um caminho que deverá conduzir à taba dos temíveis cambebas. No pelotão está um guerreiro da tribo dos Tupis, chamado Ururau, muito lépido, esguio e valente, e que já prestara bons serviços ao sargento Teixeira, pelo que adquirira grande estima e muita confiança. O sargento pede-lhe para rastrear as pegadas por onde os cambebas possivelmente tenham passado e qual direção terão tomado, levando prisioneiros o grupo de Uacari.

Não é difícil a Ururau encontrar os vestígios dos índios amazonenses, que algumas horas antes levaram o grupo de fugitivos das fileiras da expedição presos para a sua taba. O lugar é recôndito e de difícil acesso. Por isso, escolhe um outro índio chamado Candiru, que é encarregado de acompanhar Ururau na difícil tarefa de descobrir o melhor e mais linear atalho para chegarem, sem serem notados, à maloca dos famigerados e ferozes cambebas.

Os dois índios, de pés ligeiros, seguem a picada e param a uns duzentos metros à frente do destacamento comandado pelo sargento. Por um momento, quedam-se de cócoras e põem-se a escutar as batucadas, os rufares dos tambores e as matracas ensurdecedoras dos índios carniceiros cambebas, a uma distância razoável. Minutos depois estão em marcha e, após meia hora caminhando pela picada, outra vez se posicionam em melhores condições de escuta. Seguem mais de perto o som da batucada e agora se ouvem mais nitidamente a grande algazarra e as risadas em alto som, indicando os rituais exóticos da indiada já bêbada, da festança grande.

Pela altura e posição que o Sol está no firmamento, o sargento calcula que devem ser umas três horas da tarde, quando a tropa chega próximo, talvez a uns cem metros de distância. Ururau descortina perto de si um colossal buriti, muito alto e liso. E diz para si mesmo que com certeza, do alto desta gigantesca árvore, será possível observar muito bem tudo o que se passa em seu redor. No mesmo instante, com alguma dificuldade, sobe então na árvore. Depois de olhar atentamente em todas as direções, verifica ao longe uma clareira que lhe parece ser a taba dos cambebas, onde todos estão envolvidos em batucadas e danças, festejando, rodopiando e dançando em volta de grandes fogueiras, sob o som dos instrumentos de percussão usados pelos selvagens indígenas amazonenses.

Lá em baixo, pode avistar alguns índios amarrados às árvores e observa que, pelos trajes que usam, nem todos parecem índios, especialmente as mulheres. A maioria está caracterizada como indígena e amarrada a árvores, em separado. E Ururau relata cautelosamente ao sargento que um dos prisioneiros está amarrado e tem na cabeça um grande cocar de penas coloridas, investido como se fora o cacique daquela turma de presos.

A descoberta da maloca dos carniceiros índios Cambebas está feita. Falta, no entanto, saber quando começará o ritual para assar vivos seus prisioneiros pegos na canoa de Uacari e sua turma de fugitivos. Este jovem índio guerreiro e seus companheiros provavelmente estão amarrados em árvores próximas a fogueiras no amplo terreiro da maloca, em frente a uma espécie de eira destinada à prática das rodas de dança e das batucadas dos rituais e cantares indígenas.

XV

A glória, em Quito

Como houveram combinado, Pedro Teixeira e o grosso da expedição alcançaram o rio Napo e se encontraram com o coronel Bento de Oliveira a fim de reanimar o pessoal da expedição, já vencido pelo cansaço da viagem.

Depois disso, seguiram juntos até a confluência do rio Napo com o Aguarico – mais tarde batizado pelos portugueses com o nome de rio do Ouro. Entretanto, no meio da densa selva amazônica, perto da maloca dos Cambebas, o guerreiro Ururau pedira para seu companheiro Candiru avisar o sargento Teixeira da descoberta da taba daquela tribo numa clareira em meio à floresta. Dissera ainda Ururau da urgência do aviso ao militar, porque os índios carniceiros já se prepararam para a grande festa na qual assariam e comeriam toda a família de Jurupanã. E acrescentara que também os componentes da turma de Uacari estavam lá, amarrados uns aos outros, esperando para serem sacrificados no ritual de antropofagia daquela tribo.

Enquanto isso, o capitão-mor Pedro Teixeira mais uma vez manda o coronel Bento de Oliveira e sua tropa seguirem à frente da expedição. No entanto, deixa ali na confluência dos dois rios o capitão Pedro Favela com uma guarnição militar, com a finalidade de explorar e conhecer toda aquela região, além de preparar o regresso da expedição à cidade de Belém.

Depois de muitos sacrifícios e deserções de vários elementos da famosa caravana, a 15 de agosto o grupo atinge o rio Payamiño, afluente do Napo. Eles vão a pé porque agora, serra acima, é impossível navegar. Assim, sempre nas pegadas do coronel Bento de Oliveira, sobem as enormes escarpas e encostas das montanhas da cordilheira dos Andes, com destino à localidade de Baeza.

Após mais de cinquenta dias de homéricas lutas, a caravana atinge Baeza. Logo mais adiante, um pouco antes de alcançar a aldeia dos Pupas, encontram-se novamente com o coronel Bento de Oliveira, que viera de Quito para aguardar a chegada da grande expedição.

Depois, todos juntos, em estimulantes e alegres festejos, rumam à capital equatoriana, o último referencial a ser atingido. Em seguida, dirigem-se imediatamente ao Santuário de Guápulo, onde mandam oficiar um solene *Te Deum* em ação de graças pelo êxito alcançado na extraordinária missão. Como sinal da glória conquistada, o capitão-mor Pedro Teixeira segue à frente do formidável cortejo triunfal, tendo mais uma vez reconhecidos seus incomensuráveis méritos pelos serviços prestados à Pátria, na conquista da Amazônia. Por tais feitos, o capitão é agraciado com altas honrarias em homenagens prestadas pelas altas autoridades desta cidade.

Em 10 de novembro, Pedro Teixeira é recebido em audiência especial pelo governador de Quito, que recebe de suas mãos um Relatório, documento registrando minuciosamente o roteiro da viagem, a fim de que esta autoridade se certifique e tenha conhecimento da formidável empreitada. Em seguida, o capitão-mor, cumprindo ordens, envia uma deputação ao conde de Chinchon, vice-rei do Peru, Dom Luís Jerônimo de Cabrera y Bobadella. O grupo é chefiado pelo coronel Bento de Oliveira e deve apresentar a Relação da viagem e, concomitantemente, receber ordens do vice-rei peruano para regressar às terras brasileiras.

Para que se tenha uma ideia do impacto deste extraordinário feito naquela remota época, há um comentário do General J. de Abreu Lima, em sua obra, "História do Brasil", relatando a chegada de Pedro Teixeira a Quito, com o seguinte comentário:

> (...) *O clero, a municipalidade e o povo vieram em procissão ao encontro de Pedro Teixeira, render o seu Todo Poderoso, por tão grande mercê de sua divina misericórdia e todos os religiosos se ofereceram com ardor para levar ás margens do Amazonas a luz evangélica. Foi tal o entusiasmo que causou esta expedição que o corregedor D. Juan Velasques d'Acunha ofereceu-se com sua pessoa e bens para acompanhar Pedro Teixeira, mas como este oferecimento não fosse aceite, porque fazia muita falta em Quito, foram escolhidos seu irmão frei Cristobal d'Acunha, reitor do colégio Cuenca e frei André de Arthtieda, lente de Teologia em Quito, para se encarregarem do roteiro ou diário de navegação, com ordem de examinarem o curso do grande Rio e seus afluentes, e os povos que habitavam as suas margens.*

Convém mencionar as grandes festividades e a formidável recepção dos habitantes de toda a cidade de Quito pela chegada de Pedro Teixeira e demais componentes da expedição, especialmente de frei André de Brieda. Este religioso, muito querido na cidade, causa às autoridades e ao povo em geral momentos de grande regozijo e de muita alegria pelo seu retorno são e salvo, pois já fora dado como trucidado pelos Cambebas.

Tudo isto de bom aconteceu àqueles soldados e clérigos espanhóis chegados a Belém no princípio desta história, todos salvos e sãos , graças ao exemplar acolhimento dos portugueses e brasileiros. Mas queremos aqui referir o mal fadado jogo político vil e nefasto acontecido durante as possessões da América Espanhola. Jogo este que culminou, na grande maioria das vezes, com os malditos pecados do ciúme, da hipocrisia, da inveja e da traição reles e capadócia.

O fato de a expedição de Pedro Teixeira atingir a capital peruana despertou nalguns chefes espanhóis locais muita inveja, ciúme e questionamentos. Naquela época, a expedição foi motivo de várias reuniões do Conselho de Ministros do governo espanhol de Filipe IV, levados por despeito e por muita futrica acerca do extraordinário feito dos heróis lusitanos, brasileiros e indígenas daquelas eras remotas.

Sobre este assunto, há uma versão que Marcos Jimenez de la Espada chamou "de triste memória", ao se referir à "Viagem Del Capitán Pedro Teixeira". Ao chegar a notícia a Madrid, Jimenez propôs ao Conselho das Índias, de Filipe IV da Espanha e (III de Portugal) o seguinte:

> *Seja gravemente repreendido e castigado o dito Jacome de Noronha por haver-se atrevido sem a consulta e licença descobrir aquela entrada e navegação até ao interior do Peru, que ainda quando estivessem mais patentes, se haviam de procurar encobrir à memória dos homens, mas já que estava este dano, se trata de que os Portugueses*

deixem esta boca (do Amazonas) e províncias do Maranhão, que têm usurpado à Coroa de Castela e restituam e ponham debaixo do governo dele e deste Conselho e, feito isto se fortifique e se guarneça a boca do dito rio e outros lugares que se descobriram na sua navegação.

O que está transcrito acima é prova cabal e de grande evidência da situação difícil e da desídia dos espanhóis, desatentos com seus negócios neste longínquo local. Mais tarde, aperceberam-se eles das repercussões positivas para a Província Portuguesa do feito histórico do capitão Pedro Teixeira – quer no campo militar, quer no político, humano, econômico e geográfico.

Na verdade, o espaço vazio existente entre o que seriam naquele tempo o Brasil e as províncias da América Espanhola – ao qual deram o nome de Amazônia – não era terra de ninguém. Destarte, passados uns dez meses, se tanto, toda a nação espanhola se deu conta de que um herói português antecipara-se aos espanhóis no campo da conquista destas terras, anexando-a à Coroa portuguesa.

Foi a partir deste momento que os espanhóis despertaram da sua inépcia e incapacidade de fazer o mesmo que os portugueses. Fizeram ou promoverem então vários atritos e discórdias diplomáticas contra as justas reivindicações da nação brasileira quanto à anexação deste vasto território que por direito a ela pertencia, por conta dos grandes e infinitos sacrifícios a que se submetera para conquistá-lo.

XVI

O macabro ritual dos Cambebas

Enquanto Pedro Teixeira e seus companheiros pisam no solo da cidade de Quito e são ovacionados pela multidão na capital do Equador, nos altos das serras dos Andes, no colossal Vale do Amazonas, o sargento Luis Teixeira e seu destacamento seguem *pari passu* a infeliz sorte dos prisioneiros dos Cambebas.

Ururau olha com olhos de lince os fugitivos da caravana, agora amarrados a grossas árvores, lá em baixo num enorme terreiro, onde três grandes fogueiras ardem em gigantescas labaredas. E, depois de se certificar da disposição em que se encontram os infelizes companheiros de Uacari, o índio espião desce de seu posto de observação e pede a seu companheiro para ir avisar o sargento de que encontrara a taba dos Cambebas. Candiru, rápido e de pés ligeiros, vai imediatamente levar o recado ao sargento, expondo a situação de desgraça em que se encontram os aprisionados naquela maloca. Enquanto isso, o outro índio observa a evolução dos acontecimentos com os fugitivos, arrepiando-se-lhe as carnes do seu corpo só em ver o sofrimento dos amigos e colegas.

É de tarde e o sol começa a declinar, deixando escapulir entre as ramagens da grande massa verde da floresta uma luz quente e doirada, que ora atravessa alguns fiapos, ora vai de encontro aos grossos troncos acastanhados. As árvores são enleadas por cipós parasitas da mesma cor a trespassar-lhe as folhagens verdes, dando-lhes um colorido especial de encantamento naquele labirinto de tons vivos. Alguns poucos e pequenos galhos secos de cascas prateadas imitam candelabros reluzentes pendendo das altas e colossais árvores. A luz ilumina o chão coberto de folhagens secas e doiradas, apodrecidas, como se ali se fosse realizar fantástica festa de duendes em alegre e suntuoso festim.

Porém, aqueles fachos luminosos jamais chegam ao chão alfombrado da floresta, encoberto pela folhagem seca como alcatifas macias e fofas, onde milhões de parasitas se ocultam. Quando muito, o sol quente e abundante atinge as copas das gigantescas e seculares árvores, entrando pelas frestas daquelas colossais copas para logo em seguida se conter no primeiro ramo viçoso de consistência intransponível e de uma vasta gama de galhos lenhosos. Parecem formar-se belas, enormes e abstratas escadarias, enleadas em cadeia umas às outras, subindo até à cúspide da grandiosa obra de engenharia construída pela extraordinária mão da natureza de Deus.

E, nesse silêncio, sombrio e fúnebre, o pelotão do sargento Teixeira avança cauteloso, quase de rastros pelo chão, indo para onde está Ururau a espiar o que fazem os Cambebas. O índio confeccionara uma espécie de mapa com o propósito de orientar o sargento e sua gente sobre como os carniceiros estão dispostos no terreno de sua maloca. Depois de algumas trocas de informações e opiniões, os postos avançados chegam à conclusão que logo mais à noitinha deverá haver festa brava. Fica evidente, por isso, que acontecerá o sacrifício de algum dos infelizes prisioneiros.

Enquanto estas informações são avaliadas e discutidas, o sargento ordena a Ururau que suba novamente na árvore grande, com o fito de orientar o grupo sobre a evolução dos acontecimentos no terreiro da aldeia dos índios Cambebas, ainda à luz do dia.

Num minuto, o lépido índio sobe a árvore para continuar a observar muito atentamente os espaços e as condições, orientando o pelotão do sargento, que pretende atacar de surpresa os carniceiros. As notícias não são muito alvissareiras, pois contam como alguns daqueles índios selvagens já dançam em volta dos prisioneiros, gritando e bebendo cauim, sinais evidentes de que haverá realmente o sacrifício de alguém. Alguém deveria morrer e, depois de morto, ser jogado na fogueira para assar e ser devorado, conclui o índio, embora seu pouco conhecimento dos costumes daqueles irmãos que praticam contumaz da antropofagia.

O sargento é então ajudado a subir na árvore, para observar o comportamento dos dois grupos, o dos cativos e o de seus algozes. Pede a participação de um outro guerreiro índio, que talvez tenha mais conhecimento daquelas experiências em rituais antropófagos e possa avaliar melhor o que acontece no pequeno terreiro da maloca.

Enquanto o pelotão do sargento estuda a atitude a ser tomada, as matracas e os borés dos Cambebas roncam incessantemente. Os selvagens, aos gritos, desfazem-se em saracoteios, pululam no terreiro, com a bebedeira grassando e o cauim jorrando por todos os lados, motivando um alarido ensurdecedor. Mais índios se juntam aos que lá estão, e todos cantam:

Aê coê, coê,
Tatu!
Aê coê,coê,
Tatu!

Candiru, guerreiro experiente, escala a árvore para tentar adivinhar quem será o primeiro a morrer. Conclui, por seus conhecimentos sobre os ritos dos canibais, que será Jurupanã, já colocado à direita da fila. Pelo jeito, os Cambebas pensam que Jurupanã é o cacique daquela turma de fugitivos. Mas, isso poderia também ser uma homenagem, por ser ele o mais velho do grupo. Mas Candiru não está muito certo disso.

– E quando é que você calcula que eles devem matar Jurupanã?– pergunta o sargento Teixeira.

– Acho que logo ao se iniciar a noite – responde o índio.

– Oh, diabo! Então, temos de andar rapidamente e para impedir esses assassinatos!

– O melhor é deixarmos os bugres ficarem mais bêbados e quando virmos que eles vão mesmo matar Jurupanã ou outro membro inocente dessa família, cairemos em cima deles e faremos todos prisioneiros – diz o soldado ajudante-de-ordens do sargento.

– Bem, essa é uma solução – responde o sargento.

– Porém, temos de nos aproximar mais da aldeia desses índios! E voltando-se para Ururau, sugere: – Você não quer ir ver se descobre um lugar mais perto, onde nós possamos observar melhor o terreiro dos festejos?

Ururau mete-se pelo mato afora, de modo a não ser visto, e coloca-se a uns quarenta metros de distância do recinto onde os Cambebas dançam e bebem desbragadamente.

O lugar fica no topo de uma pequena colina, cuja descida termina justamente nas traseiras da taba dos Cambebas. Lá chegando, Ururau faz sinal para o pelotão avançar mais um pouco. Neste momento, os índios carniceiros cantam com mais ímpeto a sua música predileta:

Aí está, está,
O tatu!
Aí está, está,
O tatu!

E naquela alegria contagiante de prazer, saracoteiam, rodopiam em volta das fogueiras vivamente acesas, batendo as matracas. O destacamento avança sorrateiramente pela selva, rastejando pelo chão até atingir o pequeno morro onde Ururau estivera escondido a observar a evolução dada à festança dos selvagens.

O sol começa a desaparecer no zênite. A tarde fora muito bonita, daquelas alegres, com a passarada em revoadas dardejantes em evoluções que rasgam o céu azul. A selva, naquele momento, parece estar toda pintada de ouro e muito dúctil, com o ocaso solar a bater na extensa e garbosa floresta cheia de luz e de vida.

O grupo do sargento, espiando no mato, olha atentamente e com alguma angústia a evolução das danças e cantares dos Cambebas. De repente, um índio de meia idade, de bela compleição física, parecendo ser o cacique dos Cambebas, sai de uma cabana acompanhado de três guerreiros armados com uma borduna cada um. Toda a gente daquela maloca sacoleja em louvor à festa brava, festa de muito cauim e ipadu. Os índios vão e voltam e rodopiam em volta das árvores onde estão os prisioneiros amarrados. Com sinais mímicos na direção de Jurupanã, acenam que o vão papar.

O índio de meia-idade, provavelmente o cacique, e mais os três índios guerreiros que o acompanham, todos pintados com as cores de guerra, avançam pelo terreiro e param. O guerreiro do meio carrega o tacape e os outros dois, cada qual com sua borduna enorme, olham para Jurupanã ameaçadoramente.

– Olha, olha – aponta Ururau –, parece que vão matar alguém! O guerreiro do meio carrega o tacape, e quando eles carregam o Tacape é para matar. Os três guerreiros sentam-se no chão e aquele mais velho fica de pé. Depois, vêm mais cinco deles, também pintados em cores de guerra, acompanhando um índio esbranquiçado, esquisito, mal-humorado. Sentam ao lado dos outros.

– Pelo jeito, aquele índio esquisito é o pajé, pois carrega o canudo de pitum, o Cachimbo da Paz, onde todos são obrigados a dar uma tragada, um costume deles – diz Ururau ao sargento. Aquele que Ururau diz ser o pajé olha fixamente para Uacari e dá uma risadinha sarcástica, pensando ser ele o cacique da tribo. Já o cacique dos Cambebas entende que Jurupanã é quem deve ser o chefe dos prisioneiros.

Há por isso uma discussão acirrada entre ambos. Depois da discussão, ocorre uma espécie de eleição entre os adeptos de um e de outro. O cacique dos Cambebas ganha a votação, e gargalha escandalosamente. Os outros seus adeptos imitam-no neste gesto. O pajé e seus adeptos ficam calados, bravos e de mau humor.

É noite fechada, mal dá para enxergar o que está a acontecer. Mas todos têm certeza de que com o cacique cambeba tendo acertado em seu palpite sobre quem chefia os índios prisioneiros, Jurupanã certamente terá sido condenado à morte. Diante deste fato novo, o sargento previne a todos, dizendo:

– É conveniente todos ficarem preparados para a qualquer momento invadirmos a maloca. Como sabemos, parece que quem vai ser sacrificado é Jurupanã. Assim, ao menor sinal de agressão contra o nosso amigo, nós cairemos todos em cima deles. Por isso, fiquem todos preparados e atentos. Entendido?

– É muito cedo para o sacrifício – opina um guerreiro do grupo do sargento.

– O sacrifício costuma ser mais tarde, quando o cruzeiro estiver a pino – afirma outro.

Mas todos estes palpites são meras suposições, porque os Cambebas têm hábitos e costumes muitos diferentes dos de outras tribos. Porém, todos os comandados do sargento ficam atentos, sem despregar os olhos dos movimentos daqueles nativos.

Os minutos passam muito morosamente e as horas são ainda as mais difíceis de passar. Alguns dos carniceiros, já drogados por causa do ipadu, dormem estatelados no chão, sonhando sonhos mirabolantes com as flores das drogas. Depois, alguns índios que o ipadu não conseguira derrubar, voltam a saracotear em redor das fogueiras e jogam mais lenha no fogo, atiçando as brasas e revirando o borralho para avivá-lo. Como previra Ururau, os dois guerreiros e o outro que age como um cacique dirigem-se à árvore onde Jurupanã está amarrado. Os dois com as bordunas começam a desamarrá-lo apressadamente, rindo às gargalhadas, fazendo mímicas e sinais de que o irão comer.

XVII

O bravo Jurupanã

De repente, os comandados de Luis Teixeira saem de seu esconderijo e, de surpresa, caem em cima dos cambebas, sem dar-lhes tempo para qualquer tipo de reação, a não ser dos três guerreiros ao lado do cacique. Estes, usando suas bordunas, desferem golpes após golpes nos comandados do sargento, mas não conseguem acertar seus alvos e são logo abatidos. Os cambebas defendem-se galhardamente, travando-se então um pequeno duelo entre os dois grupos, com desvantagem evidente para o dos atacados, varados pelas lanças dos soldados. Ademais, as ordens do sargento foram para seus subordinados agirem com firmeza contra quem ofereça resistência. O resto do pelotão ficara um pouco atrás para dar cobertura, e agora se movimenta em direção ao terreiro, a fim de impedir o assassinato do pai de Junaína.

Tudo isto ocorre em poucos minutos, com os cambebas sendo cercados e dominados. Os soldados de Teixeira ganham a luta em tão pouco tempo porque reúnem melhores condições físicas e estão sóbrios, ao contrário dos seus oponentes. Estes, sob os efeitos do cauim ingerido em grande quantidade no meio da esbórnia dos festejos ritualísticos das tétricas cerimônias, são comandados por um cacique sem preparo, e desta forma sucumbem sem apelo nesta breve e violenta refrega.

Poucos minutos dura a contenda, e toda a tribo dos Cambebas é completamente dominada e submetida às ordens e ao comando do pelotão capitaneado pelo sargento Luís Teixeira. Os outros selvagens não têm tempo de reagir porque, ao acordarem da grande embriaguez, são dominados e amarrados uns aos outros com as muçuranas feitas por eles mesmos, e que estiveram escondidas dentro das cabanas. As mulheres e as crianças que estão dentro das cabanas são trazidas para fora e feitas prisioneiras. Também sofrem o vexame de serem amarradas, mesmo que não ofereçam qualquer tipo de resistência e não tentem fugir.

Nesta luta, morreram apenas os guerreiros guarda-costas do cacique, que reagiram à voz de prisão do sargento.

Na verdade, o que se apura deste episódio todo é que, dada a dúvida dos Cambebas sobre quem seria o chefe dos prisioneiros, Jurupanã fora o escolhido pelo cacique deles para ser o primeiro a morrer, por causa da votação havida entre o cacique e o pajé daquela tribo selvagem.

Nestas condições, Jurupanã não dera nenhuma demonstração aparente de temer a morte da qual estivera tão próximo. Ficara apenas um tanto abatido, com o susto a descorar-lhe o rosto, perplexo ante a situação criada. O bravo guerreiro enfrentara a iminência da morte com destemor, dignidade e serenidade, em momento algum se acovardando ou se desesperando, como fazem os pusilânimes ou os ignóbeis.

Perante o cacique carniceiro, Uacari, o único e principal responsável de toda esta confusão, furtara-se em assumir as obrigações de comando do grupo aprisionado. Renunciando ao controle de todas as ações, retraíra-se e acovardara-se, cheio de medo. Com efeito, suas atitudes irresponsáveis conduziram todo o grupo àquele estado de desespero e prostração. Escondendo-se e disfarçando-se de mero figurante desta cena dantesca, Uacari atribuíra todo o comando a Jurupanã, revelando assim toda a sordidez do seu caráter pusilânime e asqueroso.

A figura de Jurupanã mantivera-se altaneira e impoluta durante toda a farsa montada por Uacari, que lhe atribuíra a chefia do grupo desertor. O valente índio, pai de Junaína, vira-se repentinamente sentenciado à morte, condenado ao suplício que fatalmente pudera acontecer, não fora a providencial intervenção de resgate do sargento Teixeira e seus comandados.

Salvos, são simultaneamente desamarrados das grossas árvores onde estiveram inertes e presos todos da família de Jurupanã e os outros índios do grupo de Uacari, que só pensara em si, abandonando todos à própria sorte. Agora, livres da selvagem tragédia antropofágica praticada pelos Cambebas, eles não cabem em si de contentes e ficam eternamente gratos ao sargento Teixeira e a seus homens.

XVIII

Depois do ipadu e do sono, é hora de remar

Luis Teixeira já prendera e acomodara o desertor Uacari e os guerreiros que seguiram o índio rebelde na deserção das fileiras da expedição, além de todos os cambebas. Preocupa-se agora em desvendar o enigma da fuga de Jurupanã e sua família, querendo especialmente examinar alguns pontos duvidosos, surgidos com o que ouvira do pequeno Ajurigaba, o irmão caçula de Junaína. Mas, para que tal operação de esclarecimento se realize com êxito, fazem-se necessárias longas conversas e entrevistas com Jurupanã e também com sua mulher e os filhos, em separado ou conjuntamente.

Usando de toda astúcia, o sargento Teixeira começa por dizer o que lhe narrara o filho mais novo de Jurupanã, quando encontrado chorando à beira do grande rio: toda sua família fora raptada por Uacari e correra o risco de ser exterminada se não seguisse as ordens do raptor. Até o momento da fala do menino índio, este bárbaro ato fora ignorado pelo sargento e por todo o pessoal da grande caravana, que pensaram ser o chefe desta família o líder da deserção. Jamais lhes passara pela cabeça que Uacari fora capaz de fazer com que todos o seguissem, coagidos, sob ameaça de morte.

Agora, ali, em plena selva, é que o sargento toma conhecimento do desenrolar dos fatos, de como Uacari raptara aquela família e planejara a fuga para se casar com a bela Junaína. Destarte, só depois de manter longa conversa com Jurupanã, é que o sargento percebe o logro de que a família fora vítima. Portanto, ordena imediatamente que os familiares da jovem índia sejam soltos por não poderem ser considerados desertores, dadas as circunstâncias em que foram obrigados a deixar a caravana. Já Uacari, arquiteto e responsável pelo plano de rapto, deverá ser aprisionado e punido por tal crime, juntamente com seus comparsas.

Desfeita a dúvida e esclarecida a trapaça, o sargento põe um ponto final no assunto. Determina a seus auxiliares que arrumem lugares mais decentes para acomodar a família de Jurupanã, como compensação dos bons serviços prestados à expedição, durante a qual o índio propositadamente deixara rastros para servirem de pista na perseguição aos desertores, naquela noite chuvosa em que foram obrigados a deixar o acampamento.

A noite vai alta e encantadora. A lua em quarto crescente ilumina com sua luz romântica a vastidão da selva, onde o céu intumescido de estrelas reflorescentes enche de ternura e romantismo os olhos e o coração do sargento Teixeira. Naquele lugar ermo e sereno, Junaína, seu grande amor, está tão perto e ao seu alcance, dormitando no ombro amigo da mãe, depois do susto horripilante porque passara naquele dia de turbulências e confusões, sob os olhares ameaçadores dos Cambebas carniceiros. Porém, para sua sorte e felicidade, tudo terminara num final feliz. Valeram-lhe o seu anjo da guarda e também o seu grande amor e herói, que viera de tão longe para salvá-la, a ela e a toda sua família. E, agora, em compensação, dorme o sono dos inocentes no aconchego da mãe, ao lado do pai e de seus irmãos, com muita felicidade no coração!

Amanhecera. Uma grande parte dos Cambebas ainda dorme a sono solto, estendida no chão pelo efeito do ipadu e do cauim, ingeridos durante toda a tarde e parte da noite anterior.

Todavia, conforme vão acordando, são presos e amarrados como prisioneiros da tropa do sargento. Ao todo, entre homens, mulheres, crianças e os desertores de Uacari, devem ser umas setenta pessoas. Pelos cálculos do sargento, as duas canoas serão suficientes para transportar toda aquela gente, se sua acomodação nas embarcações for bem arrumada e bem dividida. O sítio onde estiveram as canoas, na beira do rio, ainda fica um pouco distante, e remover toda aquela gente pelo meio da selva não será tarefa fácil. O que ajuda um pouco o sargento nesta empreitada é que ele agora conta também com a ajuda e colaboração de Jurupanã e de sua família, além da de mais alguns índios que lhe são gratos por tê-los salvado da morte.

Mas estes últimos não gozam da confiança de Luis Teixeira e de seus comandados. Assim, iniciam o regresso pela picada até o grande rio, num trajeto sem maiores problemas até o local onde repousam as canoas. Depois, o pelotão do sargento, organizando um carregamento de víveres trazidos pelos cambebas de sua maloca a fim de suprir a alimentação desta gente, começa a subida pelas águas em direção ao ponto em que ficara o capitão Pedro Favela. Este outro militar aguarda o capitão-mor Pedro Teixeira, que deverá regressar de Quito. Juntos, mais tarde, seguirão todos de volta à cidade de Belém.

Este caminho, eles já percorreram antes com muita dificuldade e, por isso mesmo, percorrê-lo agora será mais fácil. Contudo, os Cambebas causam entraves e obstáculos, criando-lhes enormes empecilhos no prosseguimento das embarcações, porque se recusam a cumprir as ordens de remar. O empachamento dessas interrupções irrita o sargento e os guerreiros que o acompanham na tarefa de conduzir o pelotão e o próprio Uacari à presença das autoridades superiores da expedição, que deverão julgar o jovem índio pelo seu tresloucado ato de fuga e de evasão.

Em razão deste fato e de outros do mesmo teor, um daqueles guerreiros da tribo dos Caiapós, engajado no pelotão do sargento, certo dia, muito irritado, pragueja em voz alta, seca e sonora, ao cacique dos Cambebas e também aos homens de Uacari:

– As canoas têm de andar, vocês parecem que não querem contribuir para que elas andem. Então escolham: ou vocês remam e mandam o seu pessoal remar, ou eu jogo vocês todos às piranhas dentro do rio! Entenderam bem?

Como a galhofar deste guerreiro da tribo Caiapó, o cacique dos Cambebas olha rindo para ele e responde, cheio de empáfia e a cascalhar:

– Cacique Voturupá dos Cambebas é superior. Cacique Voturupá tem honra e quer ser comido pelos seus inimigos. Não quer ser comido pelas piranhas. Cacique cambeba quer morrer lutando com guerreiro caiapó. E, como a insultar o outro, vocifera:

– Caiapó é fraco, é covarde, é escravo do homem branco. Cambeba é valente, não quer ser escravo, prefere lutar com qualquer um guerreiro e morrer com glória a ser comido pelas piranhas do grande rio.

O guerreiro caiapó é um rapagão novo, de uns vinte e cinco anos, com todo o vigor da juventude e de suas forças na flor da idade; e o cacique Voturupá demonstra ter uns quarenta anos, ou talvez um pouco mais. O índio caiapó observa que o desafiante leva desvantagem, e o escuta, como que a respeitar a idade do cacique, respondendo:

– Caiapó não é escravo. Caiapó vem com missão dos portugueses para conhecer o grande rio. Caiapó não tem medo de cacique cambeba, tem é respeito pela sua idade. Na minha tribo, nós, os novos, respeitamos os mais velhos. Mas, se cacique cambeba quer lutar, guerreiro caiapó luta aqui ou em qualquer lugar. Pode ser na canoa, pode ser na terra, pode ser na água, Caiapó não escolhe lugar para lutar com cacique cambeba!

– Cacique cambeba aceita luta – responde o chefe da tribo dos carniceiros.

E os dois índios fazem o acerto para lutar em terra firme, assim que as embarcações pararem para o descanso e abastecimento de água.

XIX

A luta entre Voturupá e Tuparé

Bom conhecedor dos costumes dos índios, o sargento Teixeira toma as providências para a realização do duelo combinado entre os dois índios. Deve ele mesmo dar uma boa lição no cacique Voturupá, ou consentir que os dois se batam e acabem eles mesmos, de vez, com as divergências e as ofensas entre si. Se o sargento optar pela luta, caberá ao guerreiro mais jovem medir forças com o cacique e dar uma boa lição ao insolente adversário que, de graça, desacatara e insultara o caiapó na frente de todos.

Podia ainda o jovem índio fazer-se de desentendido quanto ao que o arrogante cacique dos Cambebas quisera dizer com aquele palavreado provocador, mas deste jeito passaria por covarde. Mas Tuparé, homem de brio e cioso das suas virtudes, aceita a luta sem muitas delongas. Diante destas circunstâncias, o sargento Teixeira, observando que o guerreiro caiapó reagira à provocação para lutar com o cambeba, pergunta-lhe:

– Tuparé, você quer mesmo lutar com o cacique?

– O cacique ofendeu guerreiro Tuparé! Tuparé quer mostrar que não é covarde, nem fraco e nem escravo, como ele afirmou!

– Bem, então, dê-lhe você mesmo o castigo que ele merece. Eu vou soltá-lo, mas, se ele fugir, você é o responsável! Está certo?

– Deixe comigo, sargento! Ele não foge, não. Tuparé mata ele se ele pensar em fugir. Pode confiar em mim.

O sargento os adverte acerca das regras para a luta, e avisa que quem ganhar o combate ficará livre para ir para aonde quiser. Teixeira entrega uma borduna a Tuparé, o guerreiro caiapó, mandando-o esperar em terra firme pelo cacique. Depois, com receio que o cacique tente fugir, leva-o à terra firme com as mãos ainda atadas e o previne para lutar com honestidade com o guerreiro caiapó.

Das canoas apinhadas de gente, todos os remadores e todo o pessoal de bordo ficam com os olhos postos nos dois contendores. Parte dos homens componentes do pelotão desce à terra firme para assistir e vigiar a contenda dos dois gigantes.

O sargento, ajudado por dois guerreiros, entrega uma borduna ao cacique, desamarra-lhe as mãos e retira-se para o lado, protegido por dois guarda-costas. E, afastado, dá sinal para começar a luta.

O índio caiapó avança com a borduna à meia altura, pronto para desferir o primeiro golpe mortal no cacique cambeba. Este se defende com certa facilidade, pois é cacique de uma tribo e sabe bem como se defender. Mas, Tuparé, mais ligeiro, sentindo que Voturupá fraqueja, passa-lhe uma rasteira no pé de apoio, pondo-o no chão. Contudo, mesmo caído, o cacique defende-se intrepidamente dos golpes da borduna do caiapó e, do chão, consegue prender um pé do jovem guerreiro, que também cai. Os dois levantam-se ao mesmo tempo. Recomeça a luta ainda mais violenta e com mais vigor. O caiapó, mais rápido, leva alguma vantagem sobre o seu adversário, enquanto o cambeba defende-se como pode, heroicamente.

A plateia, silente e em suspense de ambos os lados, mostra-se nervosa. Os Cambebas mostram-se mais apreensivos ao verem a luta de seu cacique, que em tempos idos chegara a enfrentar três adversários ao mesmo tempo. E agora Voturupá está gordo, mais velho e cansado, sem a mobilidade de antigamente. Mas, mesmo nestas condições, ainda se defende muito bem. Pensa em deixar cansado o inimigo, para lhe aplicar um só golpe certeiro e mortal e acabar de vez com a luta, ganhando assim a liberdade prometida pelo sargento.

Contudo, Tuparé não o deixa folgar, desferindo golpe após golpe. O cacique Voturupá, despendendo grande esforço, fica só na defesa. Há um momento em que a luta fica equilibrada. Voturupá reage e parte para o ataque, mas trata-se apenas de vã ilusão do cacique dos Cambebas, porque, num contragolpe muito ágil e certeiro, o guerreiro Tuparé aplica-lhe tamanha pancada, que lhe quebra o braço esquerdo. A partir daí, é um massacre. Logo a seguir, Tuparé quebra-lhe o outro braço e continua a bater, quebrando-lhe também as duas pernas do cacique. Termina a feroz luta entre os dois gigantes indígenas da selva amazônica, tão verde e cheia de surpresas.

O cacique Voturupá, caído no chão com braços e pernas quebrados, grita por causa das fortes dores causadas pelos golpes do seu adversário. Está sem forças para reagir, indefeso e derrotado, chorando e a sangrar em abundância. Mas, o cambeba ainda não se dera por vencido e, chorando copiosamente, diz que só irá se considerar derrotado se morrer e não puder mais lutar. Então, o sargento Teixeira intervém na contenda e ordena que Tuparé pare de bater no cacique, pondo fim àquele espetáculo sangrento e feroz e, agora, já tão desigual.

Porém, depois da luta horrenda e de triste memória, há uma cena patética, comovedora e incomum, de causar dó e piedade. Consumada sua derrota, o cacique Voturupá, em estado de quase inconsciência, chora e pede ao sargento para ser comido por seu algoz, Tuparé, pois esse é o costume do seu povo quando morre um de seus heróis cambebas. Nesta ocasião, Teixeira, magnânimo, cristão e conciliador que é, não permite tal ato de barbaridade, herança da cultura cambeba em costumes desta gente ignorante e antropófaga, da região da Amazônia.

Para os cristãos, os derrotados devem ser tratados com respeito, como vencidos, e não como mártires. Isto posto, manda que tratem e curem as feridas de Voturupá, encorajando-o e aconselhando-o a conformar-se com a derrota. Diz ao cacique, com modos simples e bonançosos, que em dois ou três meses estará completamente curado dos seus males e sofrimentos. Que o índio poderá ainda ser um homem feliz, se seguir as leis de Deus, conforme os ensinamentos e mandamentos da Igreja Católica.

Após esta conversa, manda que acomodem o líder cambeba sobre uma espécie de maca feita com uma grande casca de árvore e o carreguem para uma das canoas, para juntar-se à turma espectadora da grande luta, recebendo conforto de seus companheiros de tribo. As canoas seguem cheias de gente. Por isso, avançam lentamente, mas avançam. A partir do episódio da luta, não há mais leniência da parte dos companheiros do cacique Voturupá. Todos agora remam, ajudam naquilo que lhes cabe, porque são apenas prisioneiros e têm que se submeter às leis dos mais fortes. E quem agora os comanda são os homens brancos, filhos do Sol.

A ordem interna é muito mais rígida para os descrentes da expedição, pela simples razão de eles, além de desobedecerem ao regulamento da empreitada, terem cometido também crimes de rapto, de sedução, de formação de quadrilha e outras coisas mais, como fora o caso de Uacari e outros índios da sua tribo.

Para este jovem guerreiro arauaté, que acumulara tantos delitos, o estatuto diz que o castigo deve ser de dois anos, podendo haver redução da pena se o criminoso tiver comportamento exemplar durante o primeiro ano de condenação. Uacari é castigado com a tarefa de remar todos os dias, desde o nascer do sol. Pena severa para o crime cometido! Talhado para os serviços mais nobres da tribo, como a caça, a pesca e a guerra, sente-se como se fora apunhalado no coração. Ele não admite estar perdendo tempo ao despender suas energias com serviço de escravos ou prisioneiros. Então, enquanto está a remar, fica como uma fera rilhando os dentes quando o sargento passa por ele. Faz sua tarefa com raiva, como se remar fosse uma vingança, movendo os remos com maior ferocidade, até ficar completamente exausto e sem forças.

Assim, o sargento Luis Teixeira e seus comandados, prisioneiros e condenados, sobem rio acima, ao encontro do destacamento do capitão Pedro Favela. Este grupo está nas confluências dos rios Napo e Aguarico, onde ficara acertada a sua permanência, a fim de fazer o reconhecimento do terreno e preparar o caminho de regresso da grande expedição à cidade de Belém, como combinado anteriormente com o capitão-mor Pedro Teixeira.

A família de Jurupanã desdobra-se na ajuda ao sargento Teixeira e seus comandados. Especialmente Junaína, que vive momentos de extrema felicidade por estar perto do seu grande amor e, agora, também seu grande herói, que lhe salvara a vida e a de seus pais e irmãos. Por essa razão, todos se comportam com mais respeito às instituições e ao comando do sargento, muito embora ele nada exija da família de Jurupanã que, como gratidão, assumira no grupo um posto de comando e vigia um pequeno conjunto de remadores cambebas.

Junaína não cabe em si de felicidade e o seu coração transborda de alegria e de amor. No entanto, contém-se nos seus instintos, anseios e sentimentos amorosos femininos, para não demonstrar sua paixão ao sargento e às pessoas que os rodeiam. Os pais, que sabem dos seus sublimes sentimentos, nada dizem ou deixam transparecer, para não encabular ainda mais a filha nos seus devaneios amorosos. Da outra parte, o sargento também se abstém de se aproximar muito de Junaína, para não se deixar trair por algum deslize emocional em sua grande paixão. Estão sempre muito próximos um do outro e, caso se esbarrem na embarcação, ouve-se apenas um pequeno sussurro de um e de outro, num imperceptível bulir de lábios dizendo um bom dia ou boa tarde. Nada mais além disso e, mesmo assim, muito disfarçadamente!

XX

A mãe natureza, as feras, os homens

Os dias passam e as canoas avançam monótonas, sem grandes novidades pelo largo rio. É muito comum os viajantes avistarem as níveas garças e os elegantes flamingos ou os grandes jaburus na beira do rio, pastando; os grandes jacarés estendidos nas areias brancas das pequenas ilhotas, ao sol, dormitando ou fazendo que dormitam. Contudo, basta as canoas se aproximarem um pouco mais para os jacarés dispararem em louca correria na tórrida soalheira, projetando-se nas profundas águas do Amazonas, sumindo repentinamente para onde mais ninguém lhes ponha os olhos em cima.

Num dia de muito calor, sob um sol branco e quente, os remadores das duas canoas sentem um mal-estar aflitivo e infinito, logo após o almoço. Resolvem pedir ao sargento permissão para descansarem um pouco sob alguma grande sombra das árvores que abundam nas margens do rio. Teixeira, justo e bondoso como é, entende o pedido como justo prêmio pelo esforço desta pobre gente, e concede uns momentos de descanso aos exauridos remadores. Perto, mas muito perto, avistam a espetacular sombra de um magote de seringueiras à margem do rio. Incontinentes, dirigem-se para o grupo de árvores ali disposto e acomodam-se com o fito de se refocilarem por alguns momentos naquele lugar.

O calor é demasiado forte e o mormaço impõe tal efeito nos ocupantes das canoas, que estes parecem ter ingerido alguma substância tóxica que os deixa emolientes ou inativos. Todos se deixam ficar em seus lugares, inertes e sem disposição, incapazes de mexer uma palha naqueles momentos.

A uns cinquenta metros dali, no meio do rio, existe um banco de areia formando uma ilhota, dividindo o fluxo das águas em duas correntes. De repente, os ocupantes das canoas ouvem um grande barulho na ilhota. Todos se voltam para observar de onde vem tão grande estrondo e, ao olharem, veem dois colossais gigantes do rio debatendo-se numa violenta e brutal luta.

São uma gigantesca cobra sucuri de uns dez metros e um monstruoso jacaré, lutando ferozmente, um querendo dominar o outro. O jacaré abocanha a sucuri na superfície da pele, mas tem dificuldade em cortá-la ao meio, tão grossa é a serpente que fica numa posição que lhe protege de ser dominada totalmente. Os dois gigantescos monstros lutam com todas as suas forças, tentam resolver entre si qual deles será o grande vencedor daquela homérica contenda. O inusitado espetáculo é deslumbrante e segue em toda a plenitude de sua fúria, com golpes e contra golpes de ambos os animais. A serpente tenta dar o golpe de misericórdia no jacaré e este, com sua desmesurada cauda, aplica-lhe chicotadas na cabeça, tentando quebrar-lhe os ossos da parte superior do corpo ou as grandes mandíbulas para que ela não o possa engolir. Já se passaram uns cinco minutos sem que vencedor ou vencido saiam do furioso e gigantesco duelo.

As fortíssimas chicotadas do jacaré, com sua enorme e potente cauda, ora na cobra de dez metros, ora na areia que sobe, projeta-se pelos ares formando intensa nuvem de fina areia. Conforme a defesa da sucuri, enormes blocos de areia se projetam pelos ares, formando intensa nuvem da fina areia da ilhota. São também grandes e imensos os urros e grunhidos de furor dos dois gigantes nesse espetáculo horripilante. Depois de mais alguns instantes, como as forças entre as duas desmesuradas feras devem ser iguais, elas se desvencilham uma da outra e saem, o jacaré por um lado e a sucuri por outro, ambos em desabalada carreira.

Sem vencedor nem vencido, a contenda chega ao seu fero término sob os olhares espantados de inusitada plateia dentro das canoas que navegam pioneiramente as águas profundas do colossal rio Amazonas!

O espetáculo terminara. Os espectadores observam que para a mãe natureza não há vantagens ou desvantagens entre duas forças iguais. Não se perde e não se ganha, a não ser que o homem entre na luta. Este quase sempre triunfa sobre qualquer outro animal, ainda que seu adversário seja de proporções muito maiores que as dele. O ser humano sempre superará a qualquer outro filho da natureza, porque esta mesma natureza lhe dá os recursos da inteligência, da capacidade e do raciocínio, a possibilidade de pensar ou de raciocinar, diferentemente dos outros animais. O homem é capaz de vencer obstáculos muito superiores às suas forças, superando qualquer outro ser do reino animal que o rodeie ou que com ele conviva ou lute, vencendo a todos, mesmo os de maior força.

Cessada a luta entre o jacaré e a sucuri, cessa também a hora de descanso dos remadores e dos tripulantes das duas canoas, e ambas se põem em movimento.

XXI

O rio é uma bonita sepultura

O sargento Teixeira manda seus homens reiniciarem a remadura. Apesar de ser um homem bom e compreensivo, como seu velho pai, também sabe ser enérgico e determinado; e uma ordem sua é para ser cumprida. Por isso, depois daquele descanso merecido, é hora de voltar a remar com redobrado vigor porque, pelos seus cálculos, ainda levarão vários dias para chegar onde se encontra o Pedro Favela.

Nesta altura, o cacique Voturupá está metido na casca de árvore que lhe serve de maca, com os braços e pernas enrolados nas talas de bambu rachadas ao meio, amarrados com largas tiras de fibras das mamauranas, e gritando de dor. O índio pede a seu deus Tupã que lhe permita morrer com a honra de ser comido pelo seu inimigo de combate, o guerreiro Tuparé, como é o costume da tribo Cambeba. Voturupá não quer mais viver e chora, contorce-se de dores e maldiz o homem branco, filho do Sol, culpando-o de não lhe dar uma morte digna e gloriosa.

O sargento Teixeira arranjara um intérprete para traduzir as falas do índio moribundo quando este tivesse seus ataques de histerismo, rebeldia e choro. Assim, pode também dizer ao selvagem algumas palavras de conforto. Nas vezes que pacientemente se aproxima de Voturupá, promete ao índio uma vida feliz quando este se curar e puder andar pela suas próprias pernas. Então, o cacique, de olhos muito abertos de tanta admiração, responde chorando e muito irritado:

– Cacique Voturupá não quer esmolas, quer sua honra reabilitada, quer de volta a sua dignidade de cacique!

O sargento, com muita paciência, explica-lhe que, na tribo de Tuparé, os guerreiros não comem carne humana e por isso Voturupá não pode exigir ser devorado pelo seu vencedor naquela luta. Diz que os Caiapós vivem de jeito diferente nos cerrados, a muitas léguas de distância dos Cambebas. O cacique, de olhos esbugalhados de admiração e indignação ao mesmo tempo, esbraveja:

– Esses não são guerreiros, são frouxos, não têm honra! Índio tem de ter honra. Comer seu inimigo, fazer festa grande, comer seu inimigo! Guerreiro Tuparé não é um vencedor. Voturupá quer morrer!

Mas o cacique cambeba não se pode locomover da maca improvisada em que o acomodaram, e fica ali, de olhos fitos no horizonte da grande massa de água do rio, acabrunhado, sem nada dizer, faiscando de raiva. De vez em quando solta seu horrendo e medonho grito de guerra, de vez em quando pede para morrer.

Numa tarde, já quase noite, Voturupá pede ao sargento que mande alguém colocá-lo na borda da canoa, reclamando que lhe doem muito os braços, as pernas e as costas e que quer mudar de posição para descansar. Imediatamente, o sargento atende o seu pedido e manda dois índios da sua guarnição darem um jeito de mudar o cacique de posição. Sugere que o encostem mais perto da borda da canoa, para o índio sentir-se mais confortável e também poder desfrutar da paisagem alegre e natural.

Dois índios da equipe de Teixeira estão carregando a maca para colocá-la perto da borda da canoa, quando Voturupá, que estivera em combinação com o seu pajé para que este o empurrasse para fora do barco, dá um grande solavanco e projeta-se nas águas correntes do grande rio, soltando um grande grito, como se fora um grito de liberdade.

Os índios auxiliares do sargento, ao verem a alegria do cacique, ficam atônitos e pasmados, começam a gritar para os remadores pararem de remar, ou remarem ao contrário para a canoa parar porque o cacique jogara-se no rio, a gargalhar de alegria, como se fosse para um festival.

Mas, de repente, ouve-se um forte urro de dor, um grito de desespero. O cacique berra, urra, às voltas com as talas de cana que não o deixam afundar. Em seu redor, um enorme cardume de piranhas negrejando em volta daquilo que parece ser seu corpo, devorando-o com seus dentes afiados, balançando as talas na correnteza do rio. Depois de alguns minutos, cessam-se os gritos e tudo volta ao silencio de antes, enquanto a barcaça para perto daquilo que parece uma pequena jangada na qual, momentos antes, balançava uma espécie de corpo. Os ocupantes da canoa em que viajara o cacique podem ver um monte de ossos flutuando juntamente com as talas levadas pela correnteza, que não para sob o olhar amedrontado dos navegantes e da fúria impiedosa daqueles peixes carnívoros e vorazes do Amazonas. O sargento Teixeira, chamado imediatamente ao local onde o cacique se projetara nas águas, indaga:

– Como é que acontece um acidente desses, como foi possível o cacique cair no rio se ele nem se podia mover?

Os dois índios que foram encarregados de pôr o cacique num lugar mais confortável da canoa explicam, muito aflitos com o brutal acontecimento, que Voturupá dera ele mesmo um grande impulso da maca para a água, auxiliado pelo pajé cambeba, que estivera próximo dele na canoa.

– Onde se jogou ele, foi muito longe? – indagou o sargento.

– Não, foi a umas cinquenta braçadas atrás! Mas depois nós escutamos vários gritos, enquanto ele era devorado pelas piranhas! Em seguida, vimos os ossos e as talas boiando – responderam os dois índios.

A um sinal do sargento, as embarcações param precisamente no lugar onde o cacique se jogara na água. Todavia, a forte correnteza já carregara o corpo para alguns metros abaixo. Os remadores avançam mais um pouco, sem encontrar vestígios da ossada ou das talas do cacique. Entretanto, um dos índios encarregados de transportar o cacique Voturupá lobriga a uma curta distância um vulto boiando ao sabor das águas, e chama a atenção do sargento, que manda remar para mais perto.

A distância é pouca, mas a luz do dia já se vai indo. Aproximando-se mais um pouco, há um vulto que lhe parece ser o corpo do cacique. São, contudo, só as talas, a ossada e mais algumas pequenas partes do corpo a boiarem, porque as piranhas já devoraram quase todas as carnes. É isto o que resta do corpo do cacique cambeba, ferozmente devorado pela sanha das carnívoras piranhas nas águas do rio.

Voturupá encontrara a tão desejada morte, de certa maneira horrenda e trágica. Não aquela morte gloriosa e honrada que ele almejara em seu ideal ou em seu sonho. Tivera uma morte covarde, simples e inglória, comido pelas piranhas do Amazonas. Morrera ele assim, ao invés de ser comido por seus adversários, coberto de glórias, combatendo e lutando contra seus inimigos pelo seu povo, como sempre fora o seu desejo e a tradição da tribo dos Cambebas!

O sargento Luis Teixeira chega a inquirir o pajé, para saber se ele quer levar os ossos de seu cacique. Todavia, o índio, com o maior desprezo, e sem ligar importância à principal figura da sua gente, lhe responde:

– Pajé não gostava de cacique Voturupá. Cacique muito vaidoso, orgulhoso e prepotente, mereceu ser comido pelas piranhas. Rio é bonita sepultura para guerreiro orgulhoso!

Dando uma grande gargalhada de escárnio, o índio volta as costas à conversa, com o maior dos desprezos, sem ligar importância à partida daquele que fora a principal figura da sua tribo. O pajé dos Cambebas não quer recolher do rio a ossada do seu cacique e, desta forma, proporcionar a Voturupá um funeral digno de um grande chefe, como é o costume deles. O sargento Teixeira manda então que dois de seus auxiliares mais próximos se encarreguem do serviço com os restos dos ossos, quando alguns cambebas, ainda que amarrados, oferecem-se para prestar as últimas homenagens ao seu cacique e líder.

A ossada do cacique, colocada numa espécie de esquife de madeira, é ornada com algumas flores e ramos de plantas silvestres colhidos na margem do rio; e depois o esquife é coberto com madeira seca. Embora sua indiferença pela morte do cacique, o pajé é praticamente obrigado a orar e a praticar pela alma do cambeba um ritual religioso na língua daquela tribo.

Depois, o próprio sargento Teixeira faz as vezes de capelão da expedição e reza em Português, sendo seguido por todos os companheiros que conhecem as orações e os ofícios fúnebres dos cristãos. Ato contínuo, ateando fogo ao esquife, fazem com que este deslize muito lentamente pelas águas do rio. As chamas consomem a madeira, e os ossos do cacique são convertidos em cinzas que, aos poucos, são tragadas pelas águas profundas no leito sagrado do Amazonas.

Voturupá, cacique dos Cambebas, tivera um funeral digno de um herói do seu povo, um rito misto de indígena e português cristão, conforme os costumes de ambas as nações. Este ritual deixa os Cambebas muito surpresos, pois nunca tinham assistido as cerimônias dos homens brancos, filhos do Sol. A partir de então, passam a usar este sistema também quando seus guerreiros morrem no rio ou no mar. O fato de não terem partido em combate em terra firme, mas sim abocanhados nas águas por piranhas ou demais bichos, não significará mais que devam deixar de ser homenageados como heróis, indo-se sem honras maiores.

XXII

Os segredos do pagé Cambeba

Posto o ocorrido com o cacique cambeba, em sequência, algumas ilações e conjecturas instalam-se no espírito do sargento Teixeira. Em solilóquio, ele se pergunta:

– Por que o pajé dos Cambebas não quisera dar um funeral digno a Voturupá? Haveria alguma razão maior para um membro tão importante na hierarquia de uma tribo recusar-se a prestar as últimas homenagens de praxe a um seu chefe? Algo de muito importante deve ter ocorrido para justificar a recusa do bruxo em prestar a homenagem a seu cacique. Ora, este assunto deixa o sargento de cabeça encafifada demais. O normal nestas ocasiões é o líder religioso se interessar na salvação da alma do seu chefe. Por que diabo o pajé se negara a prestar este tipo de reverência a seu superior hierárquico? Certamente alguma grande ofensa tivera ocorrido entre ambos, conclui o sargento.

Passado algum tempo, numa tarde em conversa com o sargento, o pajé dá-lhe a entender que realmente existira uma certa e atroz diferença entre os dois personagens de destaque daquela tribo. Daí a razão de sua recusa em prestar as últimas homenagens a Voturupá.

Todavia, esta conversa não esclarecera bem as razões do pajé ao sargento, que sempre buscara a verdade. E como continua na dúvida e ainda insatisfeito, Luis Teixeira quer ir mais a fundo para conhecer o porquê de tão extremada atitude do índio feiticeiro. Para isso, marca com o bruxo uma conversa particular, visando esclarecer aquela atitude.

E o sargento pôde então apurar que houvera mesmo, tempos atrás, um certo desentendimento entre o pajé e o cacique cambebas. O motivo estivera em questões ligadas às origens do pajé, mais especificamente à origem da família de sua mãe, cuja história o feiticeiro sempre quisera conhecer. Mas o cacique jamais o ajudara a esclarecer o assunto, ficando sempre indiferente às perguntas que afligiam a memória e o coração do feiticeiro.

O pajé, antes de tudo, queria saber do seu passado, pois desde muito pequeno tinha lembranças de fortes e estritas situações em que estivera envolvido com mulheres Amazonas. Tem ele ainda lembranças de seu pai lhe dizer que sua mãe era uma daquelas mulheres. E sempre que tentara conversar sobre este assunto com Voturupá, o cacique jamais se mostrara disponível para tentar esclarecer o que acontecera, qual seria a verdade sobre qualquer parentesco do pajé com aquelas misteriosas e fascinantes mulheres guerreiras. E era ainda pensamento do pajé que o cacique, como chefe da tribo também amazonense, deveria se prontificar a ir atrás da formidável história e tentar desvendá-la.

Mas este assunto, não obstante ser pertinente a ambos, ao invés de os unir, criara uma enorme barreira e muita celeuma entre os dois índios. O cacique jamais se mostrara interessado no assunto. Muito pelo contrário: se alguém se dispusesse a esclarecer as lembranças que o pajé tinha daquelas formidáveis mulheres Amazonas, Voturupá opunha-se sistematicamente a esclarecer o tão estranho e palpitante caso. Daí, a briga e a diferença entre as duas figuras da tribo dos Cambebas, que andavam sempre às turras enquanto o cacique estivera vivo.

Como a conversa do pajé é um pouco confusa e muito monótona, o sargento deixa marcada outra entrevista entre ambos, para poderem finalizar o assunto quando chegarem ao arraial de Pedro Favela, nas confluências dos rios Napo e Aguarico.

Finalmente, depois de alguns dias de navegação e muitos sacrifícios, os comandados do sargento chegam ao arraial, onde o capitão Favela encontra-se a esperar a grande caravana que deve regressar muito em breve da cidade de Quito, para retornarem todos a Belém do Pará, de onde partiram dois anos antes.

O reencontro dos destacamentos do sargento Luís Teixeira e do capitão Favela é emocionante. O capitão desconhece por completo as aventuras daquele seu subordinado, e quando o vê chegar até seu arraial comandando um destacamento com toda aquela gente, fica demasiadamente surpreso. Fica ele extasiado ao saber como o sargento conseguira aprisionar e comandar todos aqueles índios e levá-los até o acampamento, com tão poucos auxiliares durante uma missão tão difícil. Favela, confuso e ao mesmo tempo contente ao reparar naquele quadro dantesco diante de seus olhos, com algum espanto pergunta:

– Oh, sargento! Como é que você conseguiu dominar tanta gente com tão poucos auxiliares nessa pequena guarnição?

– Há uma pequena explicação: quando eu os prendi, eles estavam todos bêbados, por isso não foi assim tão difícil como parece, meu capitão! – responde Teixeira, referindo-se aos índios cambebas.

Ele explica ao capitão como tudo ocorrera, inclusive os maus momentos daquela aventura de comandar tanta gente sem ter mais mantimentos, valendo-lhes apenas os poucos alimentos vindos do que os Cambebas tinham na sua maloca ou os que extraíram da pesca no rio, que foram maior fonte de recursos e supridora da alimentação daquela gente toda, durante quase toda viagem. Sofreram muitas dificuldades, é verdade, porém não lhes faltara a ajuda de Deus, e assim angariaram forças e recursos para chegarem ao fim e ao cabo do trajeto. Na verdade, sempre tiveram como meta principal atingir o acampamento do seu grande amigo Pedro Favela, para então se integrarem ao destacamento do capitão, se ele os autorizasse a assim proceder.

– Naturalmente, homem! Venha, junte-se a nós, dê suas ordens aos seus comandados e vá descansar um pouco, que você bem o merece!...

O sargento, agradecendo a gentileza do capitão Favela, dá algumas ordens a seus subordinados e vai descansar num bangalô que o capitão construíra para se refocilar de suas fadigas diárias, estendendo estas mordomias a seus auxiliares mais próximos naquele acampamento. Em seguida, o sargento dorme o sono dos inocentes, pois tivera, de uma só vez, cumprido duas missões bem distintas. Isso o revela um grande membro do Exército Nacional da Coroa Portuguesa no Brasil, apesar da pouca idade que tem.

XXIII

As guerreiras Amazonas

Sabemos, através de relatos anteriores, que o pajé dos Cambebas é um homem de certa idade e de uma aparência esquisita e esbranquiçada, que denota alguma hibridez na mistura do seu sangue, que não parece ser de índio, e menos ainda da raça branca! Entretanto, o que se pode afiançar é que ele, além de ter uma consciência reflexiva, é descendente de uma das famosas mulheres guerreiras Amazonas. Este fato sobre sua origem fora-lhe transmitido por seu pai, com quem caçara e pescara na matas amazônicas enquanto era o pajé ainda uma criança.

Nas conversas ou explicações havidas com o sargento Teixeira, o pajé prometera contar-lhe tudo o que sabe a respeito daquelas mulheres, cuja história lhe tivera sido narrada pelo seu genitor, nas muitas noites de conversas e confidências que tiveram. Assim sendo, num dia de muito calor, sentados numa pedra como se esta fora um grande banco sob a sombra de uma enorme seringueira, o sargento pega no braço do pajé e pergunta:

– Então, será hoje o grande dia que me vai contar essa sua grande e fantástica história das mulheres Amazonas brasileiras, de quem você diz ser descendente?

– Oh, sim, sim, senhor – responde o índio, continuando:

– Sobre essa história eu estou sempre pronto e preparado para falar porque, além de eu ser um descendente de uma dessas

Amazonas, meu pai sempre me obrigou, quando criança, a defender e a respeitar a elas e às suas origens, com todas as minhas forças.

– E o que está esperando, homem? Comece logo essa narrativa, que deve ser muito empolgante, além de interessante e admirável. Eu sou todo ouvidos! – exclama o sargento.

– Bem, nesse caso, peço que escute com muita atenção o que vou relatar acerca de tudo, porque eu não gosto de ficar repetindo este assunto – declara o pajé, iniciando um longo relato.

– Primeiro, gostaria de explicar-lhe que, segundo o meu pai me contou, as mulheres Amazonas da célebre tribo de guerreiras brasileiras teriam imigrado do grande Império dos Incas do Peru, em decorrência da conquista daquele império pelos colonizadores espanhóis. É preciso dizer também que minha mãe não imigrou, ela já teria nascido no Brasil. Provavelmente a mãe dela, minha avó, é que seria imigrante. Pelo que me disse o meu pai, as mulheres daquela tribo inca estiveram insatisfeitas com a pusilanimidade e covardia dos seus homens ou maridos. Eles não deram, como deveriam ter dado, o combate essencial e vigoroso aos espanhóis alienígenas que invadiram o Império Inca.

– Esta postura pouco viril dos homens levara as mulheres, e somente elas, é preciso que se diga, a se unirem num esforço estoico, descendo a Cordilheira dos Andes – prossegue o pajé.

Ele conta ao sargento Luís Teixeira que, vindo estabelecer-se no grande Vale do rio Amazonas, as mulheres trouxeram apenas suas filhas, abandonando os filhos homens, assim como abandonaram seus maridos. Diz o pajé que, segundo seu pai, esta era uma das mais corretas e próximas da verdade entre as várias hipóteses sobre como as Amazonas vieram para a região. Outras versões do fato também são admitidas e conhecidas, mas é esta a que mais se aproxima da realidade.

– Tanto isto é verdade que quando aquelas mulheres souberam da prisão e da morte de seu imperador Atahualpa e de toda a grande desgraça que se abatera sobre o império inca, elas não se conformaram com a desídia e o pouco empenho de seus maridos em combater Pizarro, o assassino de seu povo. Num gesto de revolta contra aqueles homens, inclusive contra seus próprios filhos, as mulheres chegaram à loucura de os matar a todos, construindo uma sociedade só de mulheres. Nas fileiras desta nova sociedade, engajaram-se somente as filhas, tendo os filhos machos sido desprezados a ponto do parricídio, como me afirmou meu pai – lembra o pajé cambeba na conversa com o sargento.

Ele conta ainda outra situação provavelmente acontecida, que foi a cobiça pelos tesouros nos Templos do Sol, que eram guardados pelas mulheres vestais, virgens consagradas aos deuses. Estas, ao verem a aproximação dos intrusos colonizadores, fugiram para as florestas carregando consigo todos os valores que tinham em seu poder, evitando que eles caíssem nas mãos daqueles bárbaros. O pajé acrescenta, nesta altura, que essa hipótese sobre as Amazonas foi uma das que não prosperaram, mas seu pai lhe falara que por largo tempo esta estória fora contada, muito embora com pouca ênfase.

– O que minha mãe contava a meu pai, quando copulavam, era que a primeira hipótese tinha mais consistência, podendo então ser a mais verídica.

– Muito bem – interrompe o sargento, enquanto o pajé faz estas afirmações, pondo seu pai como sua principal fonte de informação sobre a existência da tribo das Amazonas.

Então o sargento volta à indagação: – Tudo bem, mas primeiramente eu quero saber como foi que seu pai conheceu sua mãe. O pajé respira fundo e conscientemente, respondendo à pergunta com a seguinte revelação:

– Sobre esse assunto meu pai me deu pouca ou quase nenhuma informação. Porém, tenho alguns conhecimentos sobre como se processava a ida de alguns homens de certa tribo, chamada Guacaris, até a tribo das Amazonas. Eles iam até elas para as festas de núpcias, quando copulavam com as índias amazonenses daquela tribo. No dizer do meu pai, isso só acontecia no mês de abril de cada ano, época em que a Cóia, a rainha das Amazonas, autorizava a realização das festas religiosas e dos ritos matrimoniais das índias guerreiras com os homens guacaris que as visitavam de tempos em tempos.

– Eu sei que meu pai foi obrigado a me trazer para a sua tribo, pelo fato de eu ter nascido menino. Por isso, quando completei meus dois anos de idade, ele me trouxe para ser criado na tribo dele. Se não fosse assim, as Amazonas me teriam matado, como era o costume na tribo delas. Com aquelas mulheres, só as nascidas meninas podiam ficar para serem educadas e criadas conforme o regulamento da tribo, sob o comando da Cóia.

Dizia o pai do pajé que o regulamento das Amazonas era muito rigoroso. Cóia, a rainha ou deusa, era escolhida entre as moças virgens com a idade entre os quinze e os vinte anos para governar por um período de cinco anos. As virgens tinham por obrigação fazer os serviços mais pesados, como a caça, a pesca, o amanho da terra, o preparo das roças, a criação do gado. Enfim, todos os serviços, como os de remar e de arar a terra e outras coisas que nas demais tribos ficavam a cargo dos homens.

Esta classe das Amazonas era constituída por virgens entre as idades já citadas, que tinham como hábito guardar a virgindade durante os dez anos seguintes. Outrossim, eram obrigadas a seguir um regime disciplinar rigoroso, fiscalizado muito de perto pela sua governante. Esta, eleita entre as suas companheiras, deveria dar prova de sua castidade e de suas virtudes sob todas as formas, quer sejam de resistência e de bravura, ou ainda de agilidade. Teria que se impor às outras suas colegas da mesma idade, pelo respeito e pelo dever de ofício. Seu reinado durava apenas cinco anos, com direito a se reeleger por mais outros cinco, caso quisesse, tendo que continuar virgem até o fim do último mandato. Depois, não podia mais se candidatar a outro mandato, passando imediatamente à história.

Entre elas, um dia de trabalho compreendia o período do nascer ao pôr do sol. A lide era comandada por sons ou por sinais, com certas variantes para seu começo e para seu término. Havia ainda certos sons para outras funções ou chamamentos pertinentes a toda a comunidade em suas atividades.

Como a sociedade das mulheres Amazonas era comunitária, tudo quanto era produzido deveria ser guardado num amplo e bem construído depósito chamado Tambo. Este armazém, uma espécie de celeiro, onde aquelas mulheres acondicionavam todos os seus víveres, utensílios, vasilhames, alfaias e outras tralhas, era a parte mais imponente de toda na construção da tribo.

Todas as mulheres tinham direitos e deveres iguais. Por isso, podiam tomar aquilo que lhes pertencesse para suprir suas necessidades como, por exemplo, os alimentos, os tecidos, as peças de barro, as ferramentas, as sementes, enfim, tudo quanto fosse necessário para o governo ou para a manutenção de suas casas e de suas famílias.

Era no Tambo que elas passavam a maior parte do seu tempo, quando não estavam caçando, pescando ou amanhando suas lavouras, semeando ou colhendo os frutos para toda a comunidade.

Contudo, faz-se necessário falar desta respeitável construção e da grande quantidade de potes de barro enfileirados, onde se guardavam bebidas de várias espécies, óleos, manteigas de tartaruga, mel, farinhas de qualidades diversas, seiras de vime onde guardavam favas, grãos, milho, palmitos, cocos e raízes das mais diversas espécies, como a mandioca, o inhame e outras.

Logo a seguir, vinham as enormes pilhas de esteiras, redes, japás, aturás e uma grande quantidade de tudo quanto era material trançado com fibras de palmeiras e taquaras. E também os objetos ou os artefatos de pesca, de caça, arcos, flechas, zagaias com pontas de osso, as zarabatanas, os tacapes, e mais uma grande quantidade de objetos domésticos que as Amazonas usavam sempre que necessário. E tudo isto numa ordem e arrumação que dava gosto de ver, pelo zelo em que tudo estava acondicionado.

Na sua narrativa, o pajé não se cansava de elogiar e enaltecer a extraordinária organização daquelas excepcionais e caprichosas mulheres da Amazônia, em meio às quais sua mãe fora criada e educada. Conta o pajé ao sargento que, depois de seu nascimento, sua mãe nunca mais quis copular com seu pai, pelo fato de a criança gerada ter sido um menino. Seu pai lhe contara ainda que quando havia requisição de homens para irem copular na tribo das índias guerreiras, ele se candidatava. Mas sua mãe nunca mais quis copular com ele, receosa de que nascesse outro filho macho, o que acarretaria desprestígio para ela.

Depois de mais de uma hora desta arenga e dos relatos do pajé, o sargento aventura-se a perguntar:

– Mas, seu pai soube se sua mãe teve mais algum filho?

– Bem, pelo que meu pai dizia, a minha mãe teve diversas filhas e todas elas ficaram na tribo das Amazonas para aumentar as fileiras das mulheres na tribo.

– E você nunca foi convidado para visitar a sua mãe? –pergunta o sargento muito admirado desse costume de educação.

– Eu me lembro de uma vez, quando eu era muito pequeno, com uns quatro ou cinco anos, ter ido visitar minha mãe, mas ela não me quis ver e nem falar comigo nem com o meu pai. Lembro-me que fiquei muito triste, chorei muito, e então meu pai me explicou o porquê de ela ter tomado essa atitude. Nós dois tivemos de nos conformar com a posição dela porque, segundo as informações que colhemos, era a Cóia quem não permitia a entrada dos pais e dos filhos homens no recinto da tribo das guerreiras.

– E você não fez mais nenhuma tentativa de se aproximar de sua mãe? – indaga o sargento, meio incrédulo com história daquelas mulheres.

– Bem, depois eu cresci e nunca mais me lembrei disso. Mas meu pai desejava muito que eu fosse visitar minha mãe, assim como queria que eu me tornasse o pajé na nossa tribo. Entretanto, um dia nossa maloca foi atacada de surpresa por uma outra tribo, nossa rival da floresta. Meu pai morreu em combate com aqueles nossos adversários, e eu não tive mais nenhuma oportunidade de me aproximar de minha mãe. Era ele quem me incentivava a procurar conhecê-la. Quando ele se foi, fiquei sem motivação para procurá-la, coisa de que hoje muito me arrependo.

– Agora então é que você não terá mais oportunidade de vê-la. Depois de chegarmos a Belém, só Deus sabe quando é que você voltará à floresta amazônica – diz o sargento com algum sentimento de culpa e tristeza pela história inédita do pajé.

Todavia, mesmo pesaroso e com ar triste, o bruxo pergunta ao sargento se ele não quer escutar o resto da história, pois há muito mais a contar. Luis Teixeira concorda em continuar ouvindo o pajé.

– O senhor sabe, o meu pai, enquanto vivo e jovem, frequentou muito a tribo da minha mãe para copular com mulheres da tribo dela. Muito provavelmente, eu devo ter algumas irmãs por parte de pai, só que jamais fiquei conhecendo alguma. Gostaria imensamente de conhecer pelo menos uma delas. Mas, agora, depois de ser capturado por suas tropas, acabam-se as minhas esperanças de conhecer algumas delas!

– Homem, não perca as esperanças, o mundo não é assim tão grande que você não possa encontrar ao menos uma dessas suas irmãs! Até, quem sabe, se em Belém você não encontrará algumas delas! – comenta o sargento com um largo e alegre sorriso nos lábios.

– Isso é impossível! Primeiro, porque elas, nascendo mulheres, não podem sair da sua tribo. Segundo, mesmo que pudessem sair, jamais se arriscariam a vir para a cidade. Ficariam na floresta, que é o lugar em que elas gostam de estar, por ser livres, ter liberdade, caçar, pescar, nadar no rio, essas coisas que os índios gostam de fazer.

– Para, para! – exclama o sargento meio confuso. Quer dizer que essas mulheres Amazonas gostam mesmo de fazer as coisas pertinentes aos homens, além das que são de ofício?

– Era o que meu pai me dizia. Elas tratavam de tudo dentro da tribo. As Amazonas virgens tinham obrigação de fazer os serviços mais pesados, enquanto as mais velhas tratam da tecelagem, da lavagem das roupas, da arrumação e tudo o mais que seja pertinente às donas de casa.

– E você nunca foi convidado para ir à tribo das Amazonas copular?

– Não – responde o pajé.

– Por quê? – interroga o sargento.

– Não sei... e eu sou filho dos Guacaris, uma das poucas tribos das redondezas, cujos homens eram os preferidos delas porque as protegiam contra os ataques das outras tribos. Por várias vezes, os Guacaris se aliaram a elas para combater os inimigos comuns. Mas isso aconteceu muito antes de eu mudar para a tribo dos Cambebas e dela fazer parte por ter-me casado com uma de suas mulheres, à qual a pertenço até hoje.

– Ah, quer dizer que você mudou de tribo para se casar, é isso?

– Veja bem – continua o pajé – na nossa tribo é costume, quando nos casamos, termos de nos mudar para a tribo das nossas mulheres e nos juntarmos às famílias delas.

– Sim, sim, sei desse costume. Mas, afinal de contas, o que me contou até agora é tudo o que sabe sobre as mulheres Amazonas?

– Não, isso que lhe contei é só o início. Ainda há muitas outras coisas para lhe dizer sobre essas mulheres, cujas lendas são muito difundidas e espalhadas pelas nossas selvas. É claro que tenho muito mais casos, mas são assuntos de pouca importância, e nem sei se o senhor tem interesse em saber sobre esses problemas.

– Oh! Homem! Claro que tenho interesse em saber tudo que se relacione a essa gente tão fabulosa e interessante desta nossa região!

O pajé fixa seu olhar no chão, como a rememorar o passado distante. Tenta se lembrar das inúmeras histórias narradas pelo seu pai, e diz:

– Já lhe contei a história do Tambo, onde as Amazonas guardavam tudo quanto produziam. Porém, pelo que meu pai dizia, dentro desse grande armazém ficava a Casa Grande, uma enorme construção que tinha na parte central um bonito e espaçoso conjunto construído com pedras especiais, meio esverdeadas, tendo nas duas alas laterais uma construção de paredes de emboço, com os tetos feitos de uma espécie massa de argila batida sobre ripas de palmeiras misturadas com ripas de bambus, que os tornavam muito frescos e confortáveis. Era nesse corpo central que ficava a Cóia. Era uma espécie de Templo em que não era permitida a entrada de estranhos. Somente à rainha era permitido o acesso a este reverenciado lugar. Neste Templo, a rainha vivia cercada de objetos sagrados, consagrados em cultos realizados nos grandes festejos tribais das mulheres Amazonas. As partes laterais do grande Templo destinavam-se às moradias das mulheres guerreiras, que eram as virgens da exótica tribo, e também o corpo defensivo e protetor da deusa Cóia.

Eram mulheres muito altas e brancas, espadaúdas, com bonitos e compridos cabelos encaracolados, donas de extraordinária beleza. Andavam quase desnudas, vestidas apenas com uma tanguinha a tapar-lhe as partes íntimas, mas estavam sempre armadas de seus arcos e flechas em rijas mãos, cuja destreza nada devia aos melhores guerreiros atiradores ou os chefes tribais deste fantástico Vale do Amazonas.

De repente, o pajé para a narração de sua história sobre as mulheres Amazonas brasileiras, sem ter tido motivo aparente para interromper a sua fantástica história.

O sargento, atento à conversa do pajé, observa que ele tem mais a dizer. Mas uma espécie de freio inibitório o impedira de continuar a narração daquela fabulosa história, impossibilitando-o de continuar.

Destarte, o sargento, ao notar esta preocupação do pajé em continuar a sua fala, como se lhe antepusera algum fato novo com o qual se comprometera, incontinente lhe pergunta à queima-roupa:

– Afinal, por que interrompe o seu discurso assim tão abruptamente?

– Bom, é que há coisas que meu pai me contou em segredo e eu não devo dizê-las a ninguém, o senhor entende como é, não entende?

– Ora, ora, meu amigo – reage o sargento, respondendo que o pai do pajé já morrera há tantos anos e que não é mais preciso temer a descoberta de seus segredos.

– Pelo amor de Deus! Deixe-se disso, homem, conte o resto da história para o mundo inteiro ficar sabendo dos mistérios dessa nossa selva e das belas índias guerreiras que dela fazem parte!

– Mas, será que isso não vai complicar a minha vida, mais do que já está complicada?– indaga o pajé, desconfiado.

– Que nada, homem, pode ficar tranquilo que, se alguma coisa lhe acontecer nesse sentido, eu estarei sempre a seu lado para defendê-lo. Fique tranquilo, eu respondo por qualquer assunto sobre as Amazonas, assumo toda a responsabilidade, pode confiar em mim.

– Sendo assim, vou narrar-lhe um assunto que me compromete, mas preciso que o mundo saiba que essas mulheres, entre as quais minha própria mãe estava incluída, tiveram papel importante na expulsão de alguns intrusos nesta nossa selva do Vale do rio Amazonas. Pois, como eu já disse, essas mulheres fugiram do reino do Peru, onde Pizarro, o caudilho espanhol, massacrou grande parte dos indígenas locais. Pelo que dizia meu pai, elas abandonaram os seus homens porque eles não foram suficientemente machos para dar combate aos espanhóis. Elas, como revide, revoltaram-se e formaram aquela tribo só de mulheres, vindo se estabelecer neste fértil vale.

– Passados alguns anos – prossegue o pajé em seu relato –, um tal Francisco de Orellana, também nacional da Espanha, deixou-se seduzir pela lenda dos índios, que dizia haver neste vale uma lagoa cheia de ouro, prata, rubis e outras pedras preciosas. O espanhol desceu com um grupo a alta encosta dos Andes, para procurar a tal lagoa dourada que esconderia em suas profundidades todas aquelas riquezas. Tantas e tantas voltas deram, que chegaram muito perto da tribo das guerreiras amazonas brasileiras. Estas índias sabiam algumas palavras em Espanhol e, seguindo de perto os intrusos nas cercanias da sua tribo, não tiveram mais dúvidas que estes eram os descendentes de Francisco Pizarro, o grande carrasco do seu povo e o causador da fuga das mulheres descendentes dos Incas.

Alarmadas e amedrontadas, elas a princípio pensaram logo em se defender e se vingar dos carrascos dos seus ascendentes. Reunidas em Conselho, depois de ponderarem todas as situações que o caso requeria, observaram que realmente era intenção dos intrusos espanhóis, uma vez senhores da situação no terreno, escravizarem as mulheres guerreiras. Isto posto, logo lhes ocorreu qual seria a melhor maneira de se defenderem e vingarem a derrota de seus homens, na guerra contra Pizarro. Começaram a se preparar treinando para a luta, pois isso era o que as esperava caso os espanhóis descobrissem que não tinham cavalos e nem outros utensílios de guerra para se defenderem. Na verdade, não existiam esses animais ao Sul deste continente e elas sequer tinham as armas para o combate. Deram as mulheres início a algumas resoluções que, se não eram possíveis ou viáveis, pelo menos eram plausíveis.

– Assim, a primeira providência daquelas índias Amazonas foi celebrar uma aliança com as tribos dos Guacaris, a tribo de onde meu pai se originara – prossegue o pajé cambebas em seu relato ao sargento. Depois, formaram um exército muito bem treinado no manejo do arco e flecha, com a finalidade de combater os espanhóis à distância. E as Amazonas tinham em suas fileiras muitas mulheres fortes de físico, que formaram a infantaria para o combate corpo a corpo, com táticas que lhes foram ensinadas por um instrutor português, por elas pago para lhes ensinar práticas deste tipo de guerra.

Foi assim que, depois de alguns dias, os homens de Orellana se viram frente ao exército das índias guerreiras amazonenses de um lado, e a tribo dos Guacaris do outro. O embate foi terrível, mas os exércitos das tribos das índias do Amazonas e dos índios Guacaris, em muito maior número e muito mais impetuosos, sem dificuldades levaram de vencida os espanhóis. Estes, mesmo carregados de armamentos modernos e mais ofensivos naquela época, bateram em retirada, debandando em grande fuga rio abaixo, perseguidos pelas mulheres guerreiras, acovardados e desnorteados com a impetuosidade das destemidas guerreiras. Na selva amazônica, esta foi de todas a maior batalha e também a maior vingança dessas combativas mulheres contra os espanhóis, a quem elas devotavam grandíloquo sentimento de revanche e vingança pela opressão feita a seus antecedentes.

– Enfim – prossegue o pajé – havia chegado o dia da desforra, como bem entoava o meu pai com muito sentimento de orgulho, os mesmos sentimentos da tribo da minha mãe!

– Esta é a história que eu aprendi com o meu pai, e à qual o cacique Voturupá jamais dera ouvidos, desprezando sempre toda a fantasia da minha imaginação. Por essa razão, eu não tinha a mínima simpatia pelo orgulhoso e vaidoso cacique. Ao contrário, devotava-lhe eu, isto sim, um grande ódio e desprezo, pela simples razão de ele nunca ter prestigiado a minha raça, a minha ascendência por parte de mãe, mulher a quem, apesar de não ter conhecido, eu muito amei!

Desta forma, demonstrando muito orgulho e grande respeito pelos seus pais, e também muito rancor e ódio pelo cacique Voturupá, o pajé dos Cambebas contara a bizarra história de sua mãe e das mulheres guerreiras do Amazonas.

XXIV

A grande cartada no regresso a Belém

A 24 de janeiro de 1639, prepara-se o capitão-mor Pedro Teixeira para regressar a Belém do Pará. Contudo, e talvez de caso pensado, requer ao frei Francisco Muñoz de Baema, vigário provincial de Nossa Senhora das Mercês, em Quito, que lhe forneça alguns religiosos da Ordem dos Mercedários para fundarem no Pará alguns templos religiosos, como conventos igrejas, colégios e hospitais. Para satisfazer o pedido, são destacados quatro religiosos dessa Ordem: Alfonso de Armejo, Pedro de la Rue, João de Mercê e Diogo da Conceição, que acompanham a festiva caravana de Pedro Teixeira até Belém. Contando já com aqueles religiosos, Teixeira requisita, e lhe são cedidos, os padres Acunha e Artiega, que mais tarde terão a incumbência de escrever as Atas ou as Relações de Viagem a serem remetidas ao rei Felipe III de Portugal, que detinha a Coroa portuguesa e, por isso mesmo, era quem governava a pátria portuguesa.

Cumpridos todos esses deveres e acertado os seus compromissos com as autoridades espanholas de Quito, no dia 16 de fevereiro de 1639, parte Pedro Teixeira daquela cidade do Equador. Tendo agora mais conhecimentos sobre a selva amazônica e fazendo uma rota bem mais curta e fácil do que a outrora percorrida, ele desce com sua comitiva a Cordilheira dos Andes com destino às margens do rio Napo. Opta por ir a Archidona, tentando encurtar caminho para chegar às margens do famoso rio, onde seu excelso companheiro e amigo Pedro Favela o espera desde quando se separaram, em 3 de julho, para prepararem o terreno de regresso a Belém.

Todas as serras e montanhas íngremes e difíceis de escalar meses antes, quando as subiram e percorreram com imenso sacrifício, são agora atravessadas por caminhos mais amenos e fáceis de palmilhar, descendo rumo ao rio Amazonas.

A expedição até aqui alcançara pleno êxito, com todos os seus objetivos atingidos, quer na parte diplomática, quer na parte administrativa. Tudo transcorrera com normalidade. Os governantes espanhóis de Quito não se imiscuíram nos assuntos da conquista destas terras para a Coroa portuguesa, o que fora o primacial objetivo do capitão-mor Pedro Teixeira e também do governador Jácomo Raimundo de Noronha, governador da província do Maranhão. Deste último, o capitão-mor conhece bem os objetivos e as intenções, que guarda em segredo fechado a sete chaves.

Na verdade, Teixeira e Noronha, desde o início da largada da expedição da pequena cidade de Santa Maria do Belém, sabem muito bem os objetivos que têm a alcançar, mas ainda não chegara o momento certo para os revelarem. Chegar à cidade de Quito e dizer que descobriram a extensa Amazônia não fora, na realidade, a causa maior que levara Pedro Teixeira e Jácomo de Noronha àquela empreitada. A intenção, de fato, é outra bem diferente. A intenção é descobrir as terras da grande bacia amazônica e anexá-las à Coroa portuguesa. Este é o verdadeiro objetivo que, ambos jamais revelaram a alguém.

Por essa razão, os dois prelados espanhóis haviam sido escolhidos e encarregados de escrever a Relação da Viagem. Face ao caráter sigiloso da operação, era conveniente ao capitão e ao governador maranhense que os encarregados da tarefa fossem de nacionalidade espanhola, ao invés desta recair em gente portuguesa. Assim, ficaram mais seguros todos os esforços e propósitos secretos deste plano, mantido no mais absoluto sigilo pelo grande herói.

Esta reserva, deixam-na para ser declarada numa data mais oportuna e bem calculada. Num momento certo e crucial, aqueles padres espanhóis, escolhidos a dedo e premeditadamente, deverão lavrar as Atas Diárias, em textos cujos sagazes detalhes terão rigorosa orientação e fiscalização do capitão Pedro Teixeira.

Após sete meses, toda a expedição já se reúne às margens do rio do Ouro. Pedro Teixeira encontra-se com seu amigo, capitão Pedro Favela, e mais todos os seus comandados, inclusive seu filho, o sargento Luis Teixeira. Também Uacari, que fizera reféns Jurupanã e toda a sua família, além dos prisioneiros Cambebas.

É então no ditoso dia 16 de agosto de 1639 que Pedro Teixeira, perante toda aquela multidão, executa suas nobres e astutas intenções em si inculcadas, estoicas, patrióticas e de grande alcance político. Declara para quem o quer ouvir:

– Em primeiro lugar, em nome do rei Felipe III, tomo posse da margem esquerda do rio do Ouro, e faço-o em nome da Coroa portuguesa. E declaro ainda que todas estas terras, a partir da data de hoje, passam a pertencer, de fato e de direito, à Coroa Portuguesa.

– Em segundo lugar, para que posteriormente não suscitem dúvidas sobre este ato de posse faço aqui colocar um Padrão com as armas de Portugal. Naquele momento, Pedro Teixeira funda uma povoação chamada Franciscana, em homenagem à Ordem dos frades franciscanos, à qual pertencem dois clérigos chegados há três anos em Santa Maria de Belém, quase desfalecidos e famintos, acompanhados de seis soldados.

Com este gesto e com tal feito, na data de 18 de agosto de 1639, o velho Tratado de Tordesilhas, celebrado entre a Espanha e Portugal, fora preterido ou posto de lado.

O Brasil, a partir dessa data, passa a ter o seu território aumentado, de uma só vez, na extensão descomunal de mais de três milhões e quinhentos mil quilômetros quadrados, alargando suas fronteiras, que passam de agora em diante a ser demarcadas desde as faldas dos Andes até ao Oceano Atlântico. Com este extraordinário movimento no século XVII, Pedro Teixeira modifica as fronteiras do Brasil, culminando, sobremodo, na grandeza do território nacional.

Esta grandeza que muitos, nos séculos futuros, atribuirão apenas a fatores da natureza, deve-se ao gigantesco esforço e ao sacrifício incomensurável deste herói, em prol do espetacular, e continental, tamanho de oito milhões e quinhentos e quatorze mil quilômetros quadrados que o Brasil passaria oficialmente a ter. A fibra de homens como Pedro Teixeira fora indispensável para o País alcançar tão gigantesca extensão territorial.

XXV

A posse das terras da Amazônia

Com a implantação do Padrão português e com os termos em que é lavrada a Ata, fica certificado, pelas leis da época, o direito de posse de todas aquelas terras da bacia amazônica à Coroa Portuguesa. Em seguida, é declarado por todos e por cada um dos presentes que ficara entendido, perante a assembleia e pelos que lavraram o documento, que o feito deste glorioso empreendimento deverá ser creditado ao grande e destemido gênio empreendedor desta espetacular façanha, o capitão-mor Pedro Teixeira. Em seu teor original, o documento tem o seguinte conteúdo:

> *Ano do nascimento de Nosso Senhor Jesus Cristo de 1639, aos dezesseis dias do mês de agosto, defronte dos bocainas do rio do Ouro, estando Pedro Teixeira, capitão-mor por sua majestade das entradas e descobrimento de Quito e do rio Amazonas, e vindo já na sua volta do dito descobrimento mandou vir perante si, capitães, alferes e soldados das companhias, e presente todos lhes comunicou e declarou que ele trazia ordens do governador do Estado do Maranhão, conforme o regimento que tinha dito ao governador de sua Majestade, para no dito descobrimento escolher um sítio que melhor*

lhe parecesse para nele fazer povoação; e porquanto aquele em que de presente estavam lhe parecia conveniente, assim por razão do ouro que havia notícia, como por serem bons ares e campinas para todas as plantas, pastos de gados e criações, lhes pedia seus pareceres, porquanto já tinha visto tudo o mais no descobrimento do Rio; e logo por todos e a cada um foi dito que em todo o decurso do descobrimento não havia sítio melhor e mais acomodado e suficiente para a dita povoação do que aquele em que estavam, pelas razões ditas e declaradas; o que visto pelo capitão-mor, em nome de El-Rei Filipe IV Nosso Senhor, tomou posse pela Coroa de Portugal do dito sítio e mais terras, rios, navegações e comércios tomando terra nas mãos e laçando-a ao ar, dizendo em altas vozes: – Que tomava posse das ditas terras, e sítio em nome de El-Rei Filipe IV Nosso Senhor, pela Coroa de Portugal, se havia quem a dita posse contradissesse, ou tivesse embargos que lhos pôr, que ali estava o escrivão da dita jornada do descobrimento, que lhos receberia; porque ali vinham religiosos da Companhia de Jesus, por ordem de Real Audiência de Quito, e porque a terra era remota e povoada por muitos índios, não houve por eles e por outrem, quem lhe contradissesse a dita posse; pelo que eu Escrivão tomei terras na mão, e em nome de El- Rei Filipe IV, Nosso Senhor o houve prometido e investido na dita posse pela Coroa de Portugal do dito sítio e mais terras, rios, navegações e comércio, o dito

> *capitão-mor pôs o nome de Franciscana, de que tudo eu escrivão fiz este auto de posse, em que assinam o dito capitão-mor, testemunhas que presente foram, o coronel Bento Rodrigues de Oliveira, o sargento-mor Filipe Matos Coutrim, o capitão Pedro Costa Favela, o capitão Pedro Baião de Abreu, o alferes Fernão Mendes Gago, o alferes Bartolomeu Dias de Matos, o alferes Antônio Gomes de Oliveira, o ajudante Maurício de Aliarte, o sargento Diogo Rodrigues, o almoxarife de sua Majestade Manuel Matos de Oliveira, o sargento Domingos Gonçalves e o capitão Domingos Pires da Costa; os quais todos sobreditos aqui assinarão com o dito capitão-mor Pedro Teixeira, e eu João Gomes de Andrade, escrivão que a dita jornada que a escrevi.*

Veja só meu amigo leitor, como foram feitos e tratados os assuntos importantes desta terra pelos nossos ancestrais! Nada, mas absolutamente nada, foi feito nesta terra ao acaso. Tudo ou quase tudo, foi meticulosamente estudado, pensado e de propósito, para que as fronteiras do Brasil ultrapassassem muito além as do Tratado de Tordesilhas, possibilitando que o Brasil adicionasse às terras que já tinha mais uns três milhões e quinhentos mil quilômetros quadrados de área.

Isto nos leva a inferir que, se compararmos o território brasileiro daquela época com o território das treze colônias da América do Norte, veremos que o Brasil naquele tempo era pelo menos dez vezes maior que o grande país norte-americano.

Quanto à crendice de muitos brasileiros de que o Brasil é hoje em dia um país atrasado porque foi descoberto e colonizado pelos portugueses, isso é um grande erro de avaliação, coisa sem nenhum sentido. Se estudarmos a história de ambos os países, é assaz fácil concluir que os americanos do Norte só começaram a se desenvolver após a sua independência, enquanto, até então, o Brasil era, de longe, muito mais desenvolvido que aquele país, quer em riquezas naturais, quer em população ou quer ainda em desenvolvimento de outros recursos.

Basta estudar a história de ambos os países e comparar!

XXVI

O leal e honrado Pedro Favela

Numa tarde de muita chuva, Pedro Teixeira escuta, entre outros assuntos, pequenos fragmentos da história da fuga de Uacari. Mas, alegando falta de tempo para estar atento ao relato sobre o que acontecera, diz a seu interlocutor que em outro dia, quando tiver mais tempo, irá ouvir o restante dessa empolgante história. São de grande monta os seus afazeres para consumar todos os atos de fundação da povoação de Franciscana e para a fixação do Padrão português no dito povoado. É preciso ver completado e materializado o sonho dele e de Jácomo de Noronha de realizarem o alargamento do território nacional.

O capitão-mor já tomara conhecimento das proezas de seu filho, das quais se dizem coisas admiráveis, em função dos exemplos de comprometimento e responsabilidade dados pelo jovem sargento durante a missão que assumira. Sabendo também do envolvimento emocional do filho com a índia Junaína, procurara Jurupanã para falarem do assunto e assumirem um certo compromisso em relação ao romance dos jovens.

Para ter mais conhecimento desse romance, e sabendo das boas relações entre seu filho e o capelão Agostinho das Chagas, manda chamar o religioso para conversarem sobre a questão. A princípio, o capelão fica preocupado pelo chamamento e, como subordinado, corre imediatamente à ordem do capitão-mor.

– O senhor Capitão mandou-me chamar?

– Sim, mandei. Mas, antes de iniciarmos nossa conversa, quero saber como vai de saúde o senhor capelão, e também como vão seus fiéis.

– Felizmente estão todos bem! – respondeu o religioso.

– Frei Agostinho, vamos direto ao assunto. O senhor tem conhecimento do caso que há entre aquela moça índia, filha de Jurupanã, e o sargento Luís Teixeira, não é verdade?

– Oh! Capitão, esse é um assunto muito antigo, um caso de amor entre os dois que já dura muito tempo, desde o início da expedição!

– E, por que diabo, eles não se casam?

– Não se casam porque o sargento não quer criar tumulto ao nosso movimento, a nossa expedição. É isso o que os impede de casar!

– Mas, o que o casamento do sargento com a índia tem a ver com o nosso movimento?

– Ora, ora, meu capitão! Acontece que a moça está comprometida com um guerreiro da sua tribo, a quem seu pai Jurupanã havia prometido a filha em casamento. Mas agora, com a sua chegada, parece-me que tudo se resolverá!

– Mas, por que foi preciso eu chegar para este assunto de amor do meu filho ser resolvido? Entendo eu que quem tem de resolver problemas de casamentos, batizados e todos os sacramentos da Santa Madre Igreja, é o senhor, não eu! Estou certo, meu capelão?

– Naturalmente, capitão, naturalmente! Os sacramentos da Igreja cabem a mim ministrá-los, mas, neste caso, não estão em causa apenas os sacramentos...

– E por que raios o senhor não casa os jovens? – atalha o

capitão-mor, antes de o capelão concluir seu raciocínio. Case-os como deve ser, e o tal guerreiro que vá às favas.

– Bem! Isso é outra questão que lhe deverá ser apresentada daqui a alguns dias – responde o capelão, dando de ombros, e ao mesmo tempo esfregando as mãos uma na outra, demonstrando satisfação em saber que o pai do sargento consentira, sem maiores problemas, no casamento dos dois jovens enamorados.

– E por que não resolveram já esse problema? – indaga Pedro Teixeira, de modo meio encolerizado.

– É que o caso, agora, complicou-se!

– Complicou-se... complicou-se por quê?

– Complicou-se porque o guerreiro Uacari, a quem a índia estava prometida em casamento, cometeu vários crimes contra a ordem pública e contra toda a família da moça, ao raptar os pais e irmãos da noiva. Ele estava em conluio com outros guerreiros da sua tribo, e obrigou o sargento Teixeira a ir a seu encalço para prendê-los e trazê-los de volta à expedição. Pôs em risco sua própria vida e a de todos que estavam com ele, que podiam ter sido mortalmente sacrificados enquanto estavam prisioneiros na maloca daqueles índios Cambebas canibais!

– Ah! Esses índios que estão aí presos, dando despesas para a expedição, foram capturados pelo sargento Teixeira? Olha, dessa história eu não sabia!

– Pois é! Essa é outra estória de nossa expedição que merece ser bem conhecida pelo capitão-mor, por ser cheia de aventuras e romantismo ao mesmo tempo. Olhe, senhor capitão: esta história daria um romance inusitado, à parte da grande empreitada que a todos nós pertence!– exclama o religioso com regozijo, empolgado por ser profundo conhecedor desse estupendo assunto.

– Pois, saiba o senhor, meu eminente capelão Agostinho,

que eu gostaria muito de saber bem como se desenrolou toda essa história. Mas hoje estou muito ocupado, sem tempo para escutar esse enredo, que deve ser muito interessante.

– Mas, o assunto por certo é também muito extenso e eu tenho um outro compromisso para resolver imediatamente. Outro dia, quero que Vossa Reverendíssima me conte todos os mínimos detalhes de como se passaram esses fatos. Agora preciso despachar com o capitão Favela, que está aí fora a minha espera a fim de tratarmos de pôr a expedição em marcha daqui a alguns dias! – diz Pedro Teixeira, despedindo-se do capelão.

Pedro Favela já estivera esperando ser chamado pelo capitão-mor há algum tempo. Assim que entra, põem-se os dois a conversar sobre o ponto em que estão as canoas que mandaram construir para o regresso a Belém. Com o esmero de sua organização e preocupado com tantos os compromissos, Favela abre uma pequena pasta cheia de documentos que carrega debaixo do braço e, numa minuciosa e simples exposição, põe o capitão-mor a par de seus planos de regresso. Adianta ele que se as coisas correrem normalmente dentro dos cálculos que fizera, em poucos dias estarão prontos para zarpar de Franciscana, com rumo à cidade de Belém.

Após vários de seus assuntos serem esclarecidos ao capitão-mor, numa sequência numérica e bem articulada dos temas prioritários, Pedro Favela está contando a seu superior como vão as coisas no arraial, quando este repentinamente lhe pergunta se ele tem conhecimento do caso de seu filho com a filha de Jurupanã.

– Claro que tenho conhecimento disso, capitão! E, por falar nisso, nós temos também que falar sobre esse assunto e resolver como ele será conduzido! Sim, porque esse tal guerreiro Uacari, da tribo daqueles fugitivos, incorreu em graves delitos contra as pessoas que o acompanharam. Eu tenho-me esquecido de trazer esse assunto para a mesa das nossas discussões. O senhor me desculpe, mas é tanta coisa a fazer, que não me tenho lembrado desse patife!

– Mas o que foi que aconteceu com ele? – indaga o capitão-mor.

– Bem, nós pensávamos, de início, que era Jurupanã quem tinha sido o autor intelectual da deserção de toda sua família e também daqueles índios de sua tribo! Mas, não. O autor de todo este imbróglio da fuga e o principal responsável por tudo quanto aconteceu neste episódio foi o tal Uacari. Tanto isso é verdade que ele está neste momento preso juntamente com os índios cambebas. Agora, temos de resolver o que fazer com essa gente.

– Ah! Então Uacari é quem foi o mentor da fuga daquele grupo? – questiona o capitão Teixeira, complementando: – Isso complica a vida e a situação dele. Assim sendo, temos de apurar os fatos e levar o índio a julgamento. Eu não quero injustiças com as pessoas que estão sob a minha responsabilidade. Contudo, os responsáveis devem ser punidos severamente como determina a lei.

– Especialmente porque eu também julgava indevidamente que era Jurupanã quem tivera acicatado aqueles outros da sua tribo e sido o pivô da deserção daquela turma do nosso acampamento naquela noite fatídica, chuvosa e de má memória – enfatiza o capitão-mor, com certo interesse.

– Pois é! Foi por causa disso que eu não quis mexer nesse assunto e deixei-o para ser tratado numa ocasião mais propícia. E, quando Favela ia terminar a frase, o capitão-mor o interrompe e indaga:

– Mas, você capitão Favela, não tem todos os relatórios e depoimentos dos envolvidos no caso, todos os fatos ocorridos, as testemunhas e tudo mais arrolado e o que seja necessário para se provar quem foram os autores, os aliciadores ou culpados nesse caso?

– Claro que tenho! – exclama Pedro Favela. Tenho até um arquivo com tudo escrito, inclusive com depoimentos com confissões de culpa dos principais acusados!

– Está bem! Depois, traga-me esses documentos para eu examiná-los, está bem?

– Com certeza, capitão! O senhor tem muita pressa disso?

– Não, não é sangria desatada. Quando puder e se lembrar, traga-me cá os papéis para eu dar uma olhada.

– Certo, capitão! Combinado!

Encerrado o diálogo, o capitão Favela sai apressadamente com os papéis debaixo do braço. O capitão-mor, pensativo e cônscio das suas responsabilidades, olhando a figura seca e barbuda do seu zeloso subordinado, fala baixinho para si mesmo:

– Homem patriota está aí, sim, senhor! É de muitos homens deste quilate que a Pátria precisa!

Depois, bem depois, o capitão-mor fica debruçado em cima dos relatórios e demais papéis que lhe foram entregues pelo capitão Pedro Favela. Ele os lê com extrema atenção, observando os mais diversos assuntos referentes à missão que ambos tinham assumido o compromisso de levar até ao fim, com o maior respeito e o maior zelo para o bom êxito daquela extenuante obrigação.

XXVII

A promessa de Uacari

Após passar pela situação acovardada e desmoralizante de negar sua identidade perante os índios cambebas, e de ter traído seus amigos ao não assumir a postura de autoridade em chefe daquele grupo fugitivo, o guerreiro Uacari fica desautorizado, desacreditado e cabisbaixo diante de seus companheiros de tribo e, até mesmo de outros índios.

Todos puderam testemunhar sua covardia de guerreiro arauaté, que não assumira quem era num momento supremo de sua vida, quando deveria ter se portado como homem de responsabilidade. E mais: é preciso que se note que havia em todo o seu ser uma espécie de veleidade inexplicável, com todo o seu ego se projetando de forma diferente do que demonstrara ser, em decorrência do infeliz episódio do encontro com os índios da tribo Cambebas.

O que se pode e deve inferir pelo comportamento do guerreiro é que a paixão por Junaína é apenas uma incontrolável e desmesurada obsessão. A partir de sua atitude covarde – por ter liderado aquele grupo de desertores e depois assumido papel secundário e desprezível em meio ao grupo, abjurando a verdade – tornara-se um ser miserável, diametralmente oposto àquilo que parecera ser até a sua inserção na expedição de Pedro Teixeira.

Dir-se-ia que talvez a sua personalidade como guerreiro e lutador de sua tribo se tivesse cingido a uma títere e insignificante figura, sem nenhuma relevância, sem grande importância perante sua gente ou perante sua comunidade, sem o destaque da auréola e o fulgor que antes tivera. Por isso, como prisioneiro, tornara-se dócil e cordato, nada questionando, nada reivindicando em seu benefício, nada exigindo que lhe pudesse interessar a posterior.

Todavia, o conteúdo das conversas havidas entre o capitão-mor e o capelão Agostinho das Chagas vaza para fora da órbita dos colóquios superiores, descendo à caserna baixa dos gentios simples. E o assunto do casamento do sargento Teixeira com a filha de Jurupanã espalha-se com muita fluidez, chegando ao conhecimento de Uacari.

É aí que a personalidade deste guerreiro parece se alterar e ele acorda da letargia em que se encontrara. Agora, por tudo e por nada, revolta-se ou se rebela contra tudo e contra todos, sem distinção. Em bravatas impetuosas e furiosas, parece estar acometido de uma cacotimia feroz quando alguém fala sobre este assunto perto dele, pondo-se a vociferar violentamente contra quem tocava nesta conversa. Põe-se aí a prometer, em altos brados, que vai lançar fogo ao arraial inteiro, que vai propagar um gigantesco incêndio naquele local onde a expedição aguarda para se pôr em marcha até Belém.

Uacari parece ser o demônio em pessoa. Esse seu comportamento é transmitido de imediato às autoridades superiores, que cuidam dos trâmites normais e de manter as orientações religiosas dos que acompanham a caravana. Passam elas então a cuidar deste caso de ferocidade que acomete o jovem índio arauaté.

Mais uma vez, frei Agostinho tem de socorrer este acidente, pois faz parte de sua obra evangelizadora dar assistência a quem dele necessite. E, neste momento, o índio Uacari precisa muito dos conselhos e orientações do religioso, e também de conforto espiritual e de uma palavra amiga que o chame à razão. Carece o índio de conselhos para que ele não cometa mais outros desatinos ou pecados contra as pessoas dos seus superiores. Pessoas contra quem ele, com ou sem razões para reclamar, começara a se revoltar em atos de pura rebeldia desde quando se evadira da expedição.

Frei Agostinho, com seu jeito manso de bom catequizador e de bom confidente, muito dulcíloquo diz ao índio:

– Meu filho, as pessoas não podem fazer justiça pelas próprias mãos. Na lei de Deus, é o próprio Deus quem faz justiça. Na lei dos homens, são eles mesmos que distribuem essa mesma justiça. E estas pessoas, encarregadas de distribuir a justiça dos próprios homens, passam anos nas universidades estudando os meios e preceitos jurídicos para poderem aplicar essa mesma justiça, de acordo com a lei. Estas leis estabelecem um padrão de comportamento dentro da sociedade onde vivem inseridos esses homens.

– Você pode me entender, meu jovem guerreiro? – pergunta frei Agostinho, que prossegue firme e calmamente:

– Percebe você, meu filho, como é feita a justiça entre os homens civilizados como nós? Veja bem, não tem cabimento você sair por aí matando as pessoas, ateando fogo no acampamento onde estão milhares de almas que podem morrer por causa de um seu ato tresloucado. Você não pode fazer isso. Quando você estiver muito ansioso, muito nervoso, venha ter comigo, vamos conversar, vamos rezar juntos, porque só Deus nos pode livrar dos pecados que o satanás nos empurra para cometer. Você pode me entender?

E o guerreiro Uacari, muito senhor de si, responde ao religioso:

– Mas, como homem branco fez justiça comigo sem consultar outro homem branco para fazer justiça? Sargento prendeu Uacari sem julgar, não foi isso?

– Oh, isso é outra coisa!– responde o frade, pondo-se a explicar as coisas todas para o índio:

– Uacari, naquela noite muito chuvosa, combinou com guerreiros da sua tribo para fugirem do acampamento, não é verdade? Além disso, raptaram Jurupanã e toda a família dele, levando-os consigo. Isso é crime. Crime de rapto. Não poderiam ter feito isso. Uacari cometeu vários crimes do código penal dos homens brancos. Cometeu também crime de aliciamento quando aliciou outros seus companheiros de sua tribo para abandonarem a expedição. Cometeu crime de rapto ao levar à força toda a família de Jurupanã, inclusive as crianças pequeninas. Cometeu crime de fuga e traição quando se comprometeu a seguir a caravana e depois desertou com todos os seus companheiros. Cometeu crime de furto ao apoderar-se de coisa alheia, pegando uma canoa e outras coisas para a viagem. Cometeu crime de formação de quadrilha... veja só quantos crimes Uacari cometeu na sua fuga – prossegue frei Agostinho.

– E agora Uacari está detido, aguardando julgamento pelas leis dos homens brancos – continua o religioso na conversa com o guerreiro. – Se, no dia do julgamento, o Tribunal entender que Uacari tinha razões suficientes para fazer o que fez, o Tribunal o absolverá de todos estes crimes que eu acabo de elencar. Entendeu como são as leis do homem branco? – pergunta ele, com ar muito sério.

O jovem guerreiro, de cabeça baixa, mãos amarradas atrás das costas, atento ao que o frade dissera e com lágrimas nos olhos, diz muito ingenuamente:

– Uacari gosta muito de Junaína! Uacari não quer filha de Jurupanã, prometida para ele desde pequena, casar com outro homem que não seja eu! Se isso acontece, Uacari morre de desgosto!

Frei Agostinho, observando a fisionomia do jovem índio, nota suas veias jugulares corcoveadas e intumescidas, com o sangue arroxeado, raivoso e quente, prestes a explodir. Nos músculos do rosto encrespados e duros como pedras, duas lágrimas rebentam-lhe pelas pupilas. Exasperado e irrequieto, o frei capelão dá explicações ao guerreiro arauaté, tenta reanimá-lo e também persuadi-lo a não cometer aqueles outros crimes que o índio alardeara a todos que ainda pretende praticar. E aconselha ao rapaz:

– Uacari é um guerreiro valente, um mancebo perfeito, um atleta completo. Não se pode deixar abater pelo fato de uma mulher escolher outra pessoa para ser seu marido! Existem muitas jovens bonitas nas aldeias circundantes de Belém, e elas, com certeza, devem querer casar com Uacari, podendo fazê-lo muito feliz! Por isso, não vale a pena o guerreiro arauaté se desesperar por causa de uma mulher.

Frei Agostinho diz ao jovem algumas outras palavras de alento, muito sutis e encorajadoras, para ver se consegue levantar a moral do índio que, de cabeça baixa e pensativo, reflete sobre a sua vida amorosa. Nesse momento, repentinamente, o índio levanta a cabeça e fixa seus olhos nos do frade, dizendo:

– Uacari tinha contrato com Jurupanã para casar com Junaína. Junaína não quer casar. Jurupanã tinha de obrigar filha a casar com Uacari. Uacari vai vingar traição de Jurupanã, ele mata toda a família. Uacari jura. Índio com raiva cumpre palavra, cumpre juramento, mata todos!

Depois desses gestos de fúria, com os olhos rasos de água, retira-se num pincho, lesto, sem se despedir do capelão.

Frei Agostinho, muito amigo e admirador do sargento Luís Teixeira, tem grande fé em vê-lo casado com a bonita e formosa Junaína, pensando que daquele casamento católico nascerão bons e bonitos rebentos para aumentar os devotos da santa Igreja Católica. Por isso, após aquela conversa com Uacari, tenta por várias outras vezes convencer o nativo a esquecer a jovem índia, afirmando-lhe que o sargento está tão apaixonado por Junaína quanto ela por ele.

O religioso faz tudo isso levando em conta a conversa que tivera com o capitão-mor, pai do sargento, e tem o objetivo de saber quais são, na realidade, as intenções de Luis Teixeira no concernente ao seu casamento com a jovem índia. Até o presente momento, só constatara haver projetos, mas nada de concreto sobre o assunto ainda mal resolvido e, de certa forma, muito conturbado.

Mas, certa feita, o sargento confessa a frei Agostinho que pretende casar-se com Junaína, tão logo as coisas se proporcionem ou, mais precisamente, quando a caravana chegar à cidade de Belém. Pois, como nada se tivera resolvido sobre a vida dos fugitivos da expedição, ele espera, em chegando àquela cidade, o mais depressa possível levar Junaína ao altar, para ambos receberem os sacramentos do tão esperado e desejado matrimônio.

Novidade melhor que esta frei Agostinho das Chagas não pudera ter recebido naquele momento. Destarte e, em razão dessas conversas sinceras e serenas, cheio de orgulho por conhecer os sentimentos dos dois jovens, o frade não cabe em si pela alegria de poder realizar o sonho daquelas almas sinceras, que prometem ser felizes quando unidas sob a égide da Igreja. Sob forte emoção, o religioso abraça o sargento e dele se despede. Deseja muitas felicidades ao jovem militar, e o orienta a estar mais próximo da moça, a fim de que ela não perca as esperanças de se casar. O frade lembra a Luís Teixeira que para Junaína o casamento dos dois é ainda um sonho muito longe de acontecer.

No arraial não se fala de outra coisa. O grande assunto do

dia, o grande acontecimento entre quase todos os componentes da gigantesca caravana é esse casamento. Quase todos fazem empenho em ver o jovem e bonito casal unir-se pela lei de Deus. Parece que todo o arraial fora ungido de um só desejo, o de ver aqueles moços alegres e saudáveis criando uma prole sadia, forte, crescendo e se multiplicando nas longínquas selvas amazônicas.

Talvez estivesse por detrás de tudo isto a grande vontade de Deus, de lá de cima, dos céus, fazendo crescer e multiplicar as populações deste enorme espaço selvagem, unindo estes dois jovens no seu grande amor.

XXVIII

O guerreiro não esquece a amada

Faltam poucos dias para a expedição dar a grande saída da cidade de Franciscana com destino a Santa Maria de Belém. As canoas encomendadas para transportar toda aquela gente estão prontas para navegar e levar de volta as mais de duas mil pessoas da fantástica caravana que partira desta ultima cidade havia uns 25 meses, altura em que o grande sertanista Pedro Teixeira e seus comandados fizeram-se ao grande rio, a caminho da cidade de Quito, no Equador.

Os expedicionários mostram-se indóceis, ansiosos para regressar às bases de onde tinham saído para a longa e fantasmagórica viagem. Os dias tornam-se intermináveis e monótonos, como acontecera no início da expedição, quando ficaram parados por larga margem de tempo na memorável cidade de Belém. Os mesmos problemas, os mesmos atritos no convívio de toda essa gente amontoada, tornam-se insuportáveis, principalmente pelo desespero e pela impaciência de ficarem à toa, sem nada terem a fazer.

Dentro deste desespero, um personagem não sossega em dar voltas à cabeça e matutar sobre como deverá agir para impedir o casamento da jovem Junaína com o sargento Teixeira, cujos boatos correm soltos dentro do arraial. Diante da inconformidade de perder Junaína para o sargento, Uacari pusera seu cérebro em constante movimento, querendo encontrar um meio de impedir a união tão esperada por quase toda aquela multidão.

Todavia, como lhe falta imaginação para orquestrar um plano diabólico, pensa em pedir ajuda ao pajé dos Ianomâmis, mas, estando detido, tem muitas dificuldades para conseguir falar com o bruxo. Para isso, arranja como intermediário um índio também arauaté e que lhe é ainda fiel. Faz chegar ao conhecimento do feiticeiro ianomâmi suas intenções de lhe encomendar uma pajelança para mudar os pensamentos da jovem Junaína quanto ao seu casamento com o sargento. O pajé aquiesce ao chamado de Uacari, e o faz com segundas intenções, com intento de aproveitar-se da situação de desespero do índio arauaté.

Assim, depois de alguns dias, o feiticeiro vai até a cela de Uacari. Lá chegando, pergunta-lhe, com certa autoridade, fazendo voz e cara de bravo:

– Guerreiro arauaté quer falar com pajé ianomâmi?

– Sim, sim, guerreiro Uacari quer fazer pajelança contra índia Junaína e sargento Teixeira, para eles não casar. Uacari quer atrapalhar casamento. E paga bem para pajé fazer trabalho bom...

– Pajé não ter forças para desfazer casamento, forças muito grandes a favor do casamento. Pajé sozinho não pode! – interrompe-lhe o bruxo. Uacari pergunta do que é que ele precisa para poder fazer as bruxarias.

– Oh, forças muito fortes! – repete o índio. Pajé precisa de força de dez guerreiros para desmanchar! Muito forte! Muito forte!

– E de quantos guerreiros pajé precisa para desmanchar casamento? – insiste Uacari.

– Pajé precisa mínimo força de dez guerreiros!

– Tá bom! Guerreiro Uacari vai pensar e volta a falar com pajé.

O pajé concorda em esperar, e volta correndo para o centro do arraial onde estão alguns índios da sua tribo. Uacari pensa e matuta em como irá fazer para reunir as forças que o bruxo ianomâmi necessita para desmanchar o casamento de Junaína e Luís Teixeira, sem, contudo atinar com o fio da meada. Pensa um dia inteirinho, pensa dois dias, três dias e, como não encontra solução para arrumar as tais forças que o pajé pedira, dá então um jeito para que o feiticeiro o visite novamente. O bruxo volta à cela, onde, falando baixinho, pergunta se Uacari já reunira guerreiros da sua tribo que estivessem dispostos a raptar Junaína.

– Mas assim todo acampamento fica sabendo que fui eu que mandei fazer essa traição! Assim, eles mata eu depois! Uacari já está aqui preso por causa disso. Assim não pode!...

O pajé dá então uma grande gargalhada sarcástica e diz:

– Pajé queria ficar com Junaína para ele. Pajé também está apaixonado por Junaína...

Uacari fica furioso com esta resposta e, rilhando os dentes de raiva porque não pode atacar o pajé, grita-lhe alguns palavrões na língua Ianomâmi. O bruxo vai-se correndo, enquanto Uacari chora de desespero e desgosto com sua situação. Chora o dia inteiro, só parando à noite, ao dormir. Mas, assim que acorda, começa novamente a matutar outro plano para reaver sua bela Junaína.

Passam-se três dias e Uacari ainda não encontrara a maneira de acabar com o namoro entre o sargento Teixeira e a filha de Jurupanã. Enquanto isso, a jovem encontra-se na tenda dos seus pais, muito feliz e esperando a expedição seguir rumo a Belém, para se casar. A expedição irá sair de Franciscana em poucos dias, e o movimento daquela gente toda talvez possa facilitar as condições para Uacari *realizar seu desejo* de raptar a filha de Jurupanã, e carregá-la para a sua maloca no Maranhão. E, neste compasso de espera, o índio arauaté pensa em organizar um plano capaz de satisfazer aqueles seus sonhos. De tanto pensar, de tanto matutar, não dorme, não come, não descansa. Por isso, emagrecera, empalidecera, ficara doente e fraco.

Ele se desespera em pensar na noiva perdida, e por não encontrar saída para a enrascada em que se tinha metido por ter praticado aquele chorrilho de crimes, conforme lhe explicara frei Agostinho das Chagas, nas conversas tidas tempos atrás.

XXIX

A expedição deixa Franciscana

Finalizadas as tarefas, a expedição põe-se a caminho da cidade de Belém, de onde partira há pouco mais de dois anos. As principais metas foram atingidas, e agora a viagem é feita como à deriva, ao sabor da correnteza do grande rio, restando aos intrépidos conquistadores da região amazônica tão somente esperar pelos futuros acontecimentos e suas repercussões.

Toda a região é muito rica na fauna e na flora, e o capitão-mor decide realizar mais uma etapa nessa missão: destacar alguns elementos de observação da fantástica diversidade daquela natureza selvagem. Das margens do rio, tudo quanto é espécie de vida que concorra para o estudo da diversidade local é recolhida para observação com fins científicos. Dessa ciência, são incumbidos alguns dos prelados que desde Quito viajam com a caravana, o jesuíta Cristobal d´Acunha e alguns auxiliares escrivães espanhóis.

Os trabalhos desses observadores virão a ser publicados em 1641, na cidade de Madri, com o título de *"Nuevo descobrimento del gran Rio de las Amazonas, el qual fue y se hizo por ordem de Su Majestade al ano de 1639, por la provincia de Quito em los reinos do Peru"*.

Contudo, o governo espanhol mandará destruir a obra para que vestígios ou notícias do Brasil não se propaguem pelo mundo afora. Mas, felizmente, a esta altura, o livro já tivera sido traduzido por Comberville, em edição muito difundida, traduzida para o inglês, o italiano, o holandês e também em todo a região árabe do Norte de África, espalhando-se assim por todo o mundo.

Esta publicação resultara em dar a conhecer o feito de Pedro Teixeira, sem dúvida uma das maiores proezas das bandeiras brasileiras feitas pelos lusitanos no século XVII.

A grande expedição descera o rio Amazonas ao sabor das correntezas, onde seus responsáveis enfrentaram situações difíceis de cumprir, conforme suas aptidões e equipamentos disponíveis à época.

Volvemos novamente aos prisioneiros cambebas que tiveram a missão de remar junto aos elementos da grande caravana. Eles foram distribuídos entre as embarcações para que as tarefas ficassem bem balanceadas, pois era preciso que alguns parassem de fazer corpo mole, fingindo que remavam, mas ficando sempre muito atrás das outras canoas. Alguns índios da tribo Cambebas conheciam bem a região e foram escolhidos para auxiliar os pesquisadores no trabalho de identificação dos nomes de animais, plantas e minerais ainda desconhecidos que estivessem à beira do rio.

Uacari faz parte dessa turma, mesmo sendo prisioneiro. Em pouco tempo nessa nova tarefa, ele consegue cativar a amizade de alguns daqueles guerreiros que ombreiam com ele na remadura rio abaixo, a caminho de Belém.

A ideia de vingança sobre certas pessoas que tiveram interferido em sua vida amorosa paira ainda em seu latente espírito. Então, há mais ou menos uns oito dias da descida do rio, na hora da troca de lugar entre um cambeba e um tupinambá, acontece um grande alvoroço numa das canoas. A cena dá-se logo após uma pequena pausa para o almoço e tem como causa um pedaço salgado de carne de anta, que deverá ser repartido entre os dois nativos.

O índio cambeba acha que a parte da frente do pedaço lhe pertence, e o índio tupinambá, por ser entre os dois o mais antigo a serviço da expedição, entende que ele é quem tem direito à melhor parte daquela carne. Iniciam uma disputa que se transforma numa pancadaria desenfreada entre os selvagens, espalhando-se por toda a canoa, dificultando aos demais o controle dos envolvidos na contenda. Cinco dos envolvidos neste banzé caem no rio por causa dos golpes dados com os remos. Alguns são tragados por piranhas, outros por jacarés que costumeiramente rondam as embarcações na busca pelos restos de comida que são atirados nas águas pelos embarcadiços.

A notícia desta catástrofe logo se espalha de boca a boca entre as outras barcaças, correndo com a volúpia das informações exageradas, neste caso jamais vista em toda a história dos mais de dois anos de navegação desta expedição. Mas há quem se regozije com essa notícia triste. Um deles é Uacari, que começa a imaginar como poderá provocar, sem que se possa provar sua participação, um outro desastre com as mesmas proporções e características do recém-acontecido.

Para que isso aconteça, pensa o índio, deverá haver uma situação de pânico quando estiverem presentes o sargento Teixeira, ou o pai e mãe de Junaína, que Uacari agora detesta visceralmente. Na expedição, seguem alguns guerreiros arauatés que não foram comprometidos com os crimes que praticara meses atrás, e Uacari precisa de alguns destes companheiros que estejam dispostos a pactuar com ele na nova aventura.

O guerreiro arauaté prisioneiro sabe que não haverá grande risco porque os brancos não usam castigar seus inimigos com torturas ou com a pena de morte, e também não comem suas vítimas, como fazem algumas tribos indígenas. Portanto, conclui que vale a pena arriscar-se mais uma vez para ver seus inimigos pagarem com a vida a traição contra ele praticada. Na sua imaginação desenha-se uma procissão de pensamentos e hipóteses de vingança, e Uacari faz uma espécie de visualização de cenas onde dirige o destino de suas vítimas a seu belo prazer.

Nas horas de descanso da remadura, ele conversa com um ou outro, querendo saber de sua disposição em abandonar a expedição ou de aderir ao seu novo grupo de dissidentes. Em poucos dias, Uacari consegue aglutinar alguns colegas que estão em desacordo com as diretrizes da caravana, prontos para abandonarem o movimento comandado pelo capitão-mor. Conta com alguns índios cambebas também prisioneiros, que estão a remar sem vontade em várias canoas e logo aderem às ideias do ardiloso Uacari.

Mas Luís Teixeira e Jurupanã já tinham sido prevenidos pelo capelão Agostinho das Chagas sobre o fato de Uacari estar sempre a conjurar e a prometer vingança, em qualquer ocasião que lhe seja propícia para tal fim. Diante das constantes ameaças, ambos ficam sempre de sobreaviso em casos de tumultos, como o que se dera naquela questão da divisão da carne entre os índios.

Porém, numa manhã bem cedinho, quando a aurora aparece com seus primeiros laivos de claridade, límpidos e luminosos, apresenta-se uma situação de muita confusão. Muito de repente, de dentro de uma tenda destinada aos cambebas, sai um índio gritando e sinalizando que alguém de sua tribo está morrendo. O nativo pede socorro e chora copiosamente. Isso acontece mais ou menos perto do lugar onde acontecera o incidente causado pela divisão das carnes e que culminara com a morte daqueles cinco índios.

A aflição do índio é tão alarmante e tão espalhafatosa que em poucos segundos o terror e a agitação se estendem por todo o arraial. O pânico é tanto que quase todos do acampamento se levantam para ver o que está acontecendo. Parte do gentio, que não é da tribo do homem que grita, não compreende o que ele diz. Só dá para perceber que alguém está agonizando dentro da tenda para onde o índio aponta. Todavia, ninguém se atreve a entrar para se aperceber na realidade, até que o pajé dos Cambebas decide entrar na tenda.

O pajé examina um índio que está na tenda, já moribundo, e constata que o homem fora picado por uma cobra, possivelmente uma cascavel. O veneno se espalhara pela corrente sanguínea da vítima, não havendo mais nenhuma chance de sobrevivência ou mesmo de prestação de algum tipo de socorro. Nem mesmo as benzeduras do pajé selvagem, que normalmente são algumas alternativas para este tipo de ocasião, podem resolver nada. O tempo fora fatal para o pobre índio cambeba que sequer sentira a picada enquanto estivera dormindo, tal a fadiga que dele se apoderara pelos esforço de remar ou, talvez, pela ingestão de ipadu e de outras drogas.

Sem nada que possa ser feito, o pobre cambeba é dado como morto. Mas, como ele estivera sob a égide da bandeira nacional, cuja missão é de caráter civilizadora e cristã, é natural que lhe seja dada uma sepultura com todos os ritos e sacramentos da Igreja Católica. O escolhido para o rito religioso do funeral em plena selva amazônica é Pedro de la Rue. Há os que estranhem dar-se uma sepultura cristã a um índio que não fora iniciado na religião católica, o que lhes parece controverso ou inverossímil porque a alma do pagão morto não deve mesmo pertencer ao reino de Cristo. Mas, o padre de la Rue é muito esperto e logo vai dizendo que tudo o que existe na face da terra é obra de Deus, inclusive o índio que acabara de morrer. A situação gera logo uma enorme discussão em torno deste assunto e um grande tumulto se estabelece. Porém, a tese de Pedro de la Rue sai vencedora. E os índios são orientados a acompanhar o corpo de seu irmão de sangue até à sua última morada, onde lhe são prestadas as últimas homenagens.

Uacari sempre de atalaia, percebe neste ato um momento para se vingar de seus inimigos e simultaneamente para se opor à união do sargento Teixeira e da bela Junaína. Tenta então convencer alguém do seu relacionamento a ajudá-lo a liquidar ou o rival ou Jurupanã, pai de Junaína. Busca por todo o arraial e não consegue alguém disposto a participar o ato ignóbil e traiçoeiro que planeja cometer. Sozinho, Uacari sente-se impotente para cometer um assassinato em plena luz do dia, com poucos ou nem um sequer dos seus comparsas para ajudar neste crime. É assim que o covarde Uacari desiste da intenção estulta de assassinar seus desafetos.

O guerreiro arauaté só não realizara seu intento de vindita por causa de sua pusilanimidade. Talvez fora mais um sinal de sua covardia, do caráter esdrúxulo e pusilânime de Uacari. O certo é que o guerreiro não reunira condições para praticar a vingança que carregara consigo durante tanto tempo contra pessoas nas quais recaíra a grande dose de azedume deste momento de sua vida atormentada. Enraivecido pelo ciúme que tomara conta do seu coração, tivera ele jurado praticar uma feroz vingança contra seus rivais na disputa pelo grande amor da sua vida.

XXX

O conselho se reúne

Ainda não são passados vinte dias de viagem de regresso a Belém e a expedição já sofrera dois funestos atentados, onde perderam a vida alguns remadores. Pedro Teixeira reúne seus assessores mais próximos a fim de saber o que realmente acontecera com o pessoal que dirigia as embarcações. Esta reunião da cúpula da expedição pretende também, além de apurar as origens e as particularidades do ocorrido, evitar que outros desagradáveis reveses venham a acontecer com os que prestam serviços naquela comunidade ambulante.

Ninguém da cúpula do movimento é capaz de dar explicações sobre os dois casos que resultaram na morte de seis pessoas. De uma maneira geral, todos atribuem os fatos a circunstâncias não relacionadas à organização pela expedição, tratando-se, portanto, de meras fatalidades. Mas o capitão-mor, homem habituado a lidar com toda aquela gente, acha esquisitos os tais acidentes tão desarrazoados. Pensa ainda em outras situações estranhas e misteriosamente surgidas, como fora o caso de uma embarcação que se desgarrara da caravana sem motivo aparente e em circunstâncias anormais.

Transcorrem-se mais de duas horas de discussões daquela reunião sem que consigam esclarecer as razões das mortes dos remadores, que foi o caso mais gravoso e mais complicado em discussão no encontro. Após discutirem ainda outros assuntos de menor importância, encerra-se o encontro entre os líderes da expedição, e todos os setores de comando da navegação saem orientados a estarem alerta para futuros acontecimentos funestos. E, assim, depois de dois dias de descanso, iniciam eles uma nova jornada rio abaixo.

As ordens dadas pela cúpula da expedição são para os monitores das embarcações ficarem sempre atentos aos remadores e às pessoas que estão em volta deles. E são tantas as embarcações que integram a fantástica caravana naquele labirinto cheio de afluentes do grande rio, embrenhando-se floresta adentro. Nessas condições, é bem possível alguma ou várias embarcações escapulirem de serem notadas e por isso a vigilância é constante, sem descuidos.

Jurupanã, como aliado e homem de confiança dos comandantes, vigia constantemente as duas embarcações onde viaja a sua família. As canoas são remadas, em sua maioria, por índios cambebas, que acabam por ser as maiores vítimas dos dois atentados anteriores. Isso leva o pai de Junaína a matutar no porquê de aqueles pobres diabos terem sido o alvo direto dos incidentes envolvendo a caravana. Justo eles, daquela tribo que nem participara da expedição desde o seu início, têm agora o estigma de pagar com a vida de alguns companheiros!

Assim, além de estar bastante envolvido na tarefa de fiscalizar o trabalho de remadura, Jurupanã fica a cismar sobre esse assunto. Ele quase não arredava o pé do teatro das suas funções para descobrir de onde vêm as agressões contra os Cambebas.

Durante a reunião para se averiguar as circunstâncias em que se deram aqueles desastres, na "Operação Regresso" – como ficara conhecida esta atividade –, o capitão Bento da Costa, homem habituado a comandar postos avançados e ordenar operações pioneiras, fora o escolhido para esta função, tendo como seu auxiliar direto o sargento-mor Filipe Cotrim de Matos, experiente e reconhecido estrategista.

Terminado o encontro da cúpula da expedição, estes dois homens já estão reunidos para traçar um plano e nomear outra equipe que os auxilie na descoberta dos autores dos conturbados delitos ocorridos nos últimos dias. Outro elemento que conhece muito de perto todas as nuances da expedição é o sargento Luis Teixeira que, sob hipótese alguma, pode ficar de fora na perseguição aos perniciosos elementos que cometeram aquelas barbaridades. Além do sargento, outros nomes são lembrados para participarem da nova tarefa, entre eles os de Ururau e Candiru.

A expedição navega, ora ao sabor da natureza, ora pela força dos remadores. O que não se pode é prescindir dos mestres-de-leme que direcionam as embarcações a fim de que as canoas não se enrosquem nas muitas armadilhas e redemoinhos das águas correntes do rio.

A principal reunião da comissão encarregada da sindicância é feita logo na noite seguinte, coordenada pelo capitão Bento da Costa e pelo sargento-mor Filipe Contrim. Estão todos sentados em volta do pequeno capacho redondo na barraca do capitão, que indaga a todos os presentes se têm informações sobre as origens das violentas ações. Os participantes simultaneamente entreolham-se, sem que alguém abra a boca para responder se sim ou não.

– Sendo assim, temos de sair a campo para esclarecer quem praticou esses atos... ou pelo menos para descobrir se foram provocados ou ocasionais – determina o capitão Bento da Costa. Na ocasião, o sargento-mor Contrim olha para o sargento Teixeira e pergunta:

– Teixeira, você desconfia de alguém que possa estar metido nesta encrenca?

– Eu não, meu sargento! A única pessoa de quem eu poderia desconfiar sobre esses episódios é Uacari. Mas ele está sendo sempre vigiado. Se fosse ele, logo descobriríamos, não acha? Por isso, diante dos fatos, não conheço ninguém capaz de cometer semelhante covardia!

Filipe Contrim, voltando-se para Ururau e Candiru, pergunta se eles têm desconfiança de alguém. Os índios entreolham-se, mas também não sabem dizer.

O campo de averiguações para descobrir a autoria de tais covardias, além de ser muito difícil, é tarefa totalmente desconhecida pela grande maioria daquela gente. Em razão disso, não têm eles qualquer noção de por onde iniciar tal trabalho, muito embora alguns deles sejam espertos para certas funções e tenham a sagacidade necessária para detectarem pessoas envolvidas em atos criminosos.

Mas assim mesmo, ainda que astutos, eles desconhecem os métodos para ensinar aos neófitos os primeiros passos de uma investigação criminal. Não sabem as primeiras regras desse tipo de serviço investigatório, perspicaz, capaz de criar uma linha linear de conduta num assunto tão intuitivo e intersubjetivo, como é farejar pistas na busca de indivíduos delinquentes ou foragidos da lei. Jurupanã, o mais velho desses inexperientes detetives e também o que mais tem intimidade com o sargento Teixeira, volta-se para ele, precisamente nestes termos:

– Sargento! Eu não sei por onde iniciar este tipo de serviço do qual estou encarregado. Por isso, preciso receber instruções a respeito do mesmo. O que acha?

O sargento olha no fundo dos olhos do índio e exclama:

– Muito bem, se você não sabe nada sobre este serviço, os

outros seus colegas certamente também não devem saber... estou certo?

– Sim, está certo. – retruca Jurupanã.

– Então vamos fazer um trato: à noite, quando acamparmos, vamos nos reunir na minha tenda e eu lhes explicarei como fazer para começar esse nosso trabalho. Estão de acordo? – indaga Luis Teixeira.

– Por mim está combinado – concorda Jurupanã.

– E vocês outros, todos concordam em estarmos juntos mais tarde para traçarmos um plano de trabalho sobre este assunto? Sim ou não? – prossegue o sargento Teixeira.

Todos a uma só voz dizem que sim, e na noite seguinte começam as aulas para os índios se iniciarem na difícil tarefa de detetives da caravana.

XXXI

No rastro dos motins

A expedição caminha vagarosamente para a cidade de Belém, com exagerado cuidado e dificuldades. Com os remadores no seu árduo ofício e os timoneiros sempre atentos na condução das canoas que têm a segurança dificultada pela correnteza, às vezes serena e outras vezes abrupta, lá vai o grande grupo em direção à capital do Pará.

Cabia à canoa-mestra seguir na vanguarda, traçar um plano de direção. O mestre fora escolhido entre os mais entendidos e experientes navegantes daqueles labirintos das espetaculares vertentes do grande Amazonas. Ele conduz os menos experientes, visando guiá-los numa rota certa e segura, desviando de lugares complicados e de difícil saída. Muitas vezes, o grupo se vale dos conhecimentos práticos dos índios Cambebas, moradores naquelas regiões ribeirinhas, para orientá-lo a na navegação.

Enquanto pairam aqui estas cautelas, outras são postas em prática pelos responsáveis por descobrirem de onde partiram as traições acontecidas. O sargento Teixeira dá as primeiras explicações e orientações a seus homens sobre como conhecer os sabotadores que puseram de sobressalto toda a tripulação.

Contudo, não são raras as vezes que estes investigadores veem-se impossibilitados de fazer suas buscas mais profundas, seja por falta de tempo, seja porque na maioria das vezes os envolvidos são seus amigos. Acontece até de estarem próximos de descobrirem os primeiros sinais de culpa que os poderia levar a descobrir o fio da meada, mas estes somem como nuvem de fumaça, dissolvendo-se no ar sem deixar vestígio ou qualquer sinal que sirva de pista.

E numa determinada noite, os índios Ururau e Candiru, que o sargento Teixeira meses atrás mandara em missão avançada para a descoberta da maloca dos Cambebas, iam por acaso passando perto de onde está o guerreiro índio apaixonado pela jovem Junaína. Eles escutavam vozes baixas e quase imperceptíveis a conversarem. Param e, pé ante pé, vão chegando mais perto. Podem então ouvir Uacari dizendo: – Desta vez, vou armar uma confusão tão grande e tão violenta que vão morrer mais de vinte pessoas. E eles não vão saber por onde começar e nem por onde acabar aqueles levantamentos bestas que estão aí a fazer.

Logo a seguir, os dois índios ouvem Uacari dar todos os detalhes de como pretende fazer para armar a confusão dentro da expedição de Pedro Teixeira. Ururau é quem melhor pode escutar toda a conversa sobre a montagem da tocaia, a ser desfechada em grande catástrofe nos dias a seguir, provocando a morte de dezenas de pessoas da expedição.

Imediatamente, os índios vão ao encontro de Jurupanã, para irem juntos pôr o sargento Teixeira a par da conversa que escutaram do vingativo índio, sobretudo do que o índio prisioneiro pretende fazer no acampamento. Avisado, Luis Teixeira manda colocar dois homens disfarçados de remadores para vigiarem bem de perto o guerreiro dos arauatés. Mas Uacari, que de bobo nada tem, desconfia de estar sendo observado; e daí em diante nunca mais pronuncia uma só palavra sobre aquele assunto, dissimulando as suas conversas neste sentido e omitindo-se sempre sobre este assunto. Os dias vão se passando e não se ouve mais um pio a respeito da pretensa cilada que Uacari pretendera armar para criar confusão e matar muitas pessoas da expedição.

Contudo, o guerreiro arauaté jamais tivera perdido o desejo de se vingar. Enquanto vai remando, imagina estarem muito perto do final da viagem, devendo estar faltando de três a quatro dias, se tanto, para arribarem ao porto da capital paraense. Urge, portanto, que de alguma forma encontre ele uma brecha para escapar das vistas dos chefes antes da chegada a Belém.

Até mesmo as pessoas menos ansiosas alvoroçam-se agora com a aproximação do momento da grande aventura chegar ao seu final, e todos começam já a preparar as coisas e as lembranças mais queridas. São as saudades de algumas amizades feitas nestes quase três anos de convivência, quando estiveram tanto tempo envolvidos e irmanados nas mesmas esperanças, com as mesmas angústias, os mesmos desejos. Envolvidos por esses pensamentos, acabam por desprezar a vigilância mais atenta, realizada até agora. Iniciam então por relaxar nos seus deveres de espiões contra os hipotéticos inimigos, sejam os prisioneiros mais perigosos, sejam aqueles coitados que pouco ou nenhum trabalho lhes deram durante todo este enorme percurso de volta da grande viagem.

XXXII

A chegada a Belém

Estamos no dia a 11 de dezembro de 1639, portanto, muito próximos do espetacular momento de chegada ao ponto final da viagem. Já se passaram exatamente vinte e seis meses da saída do capitão-mor Pedro Teixeira daquele mesmo lugar. É natural que todos os membros da majestosa expedição se regozijem pelo alvissareiro êxito alcançado no tão largo tempo navegando pelas águas correntes dos vários rios que integram a bacia amazônica. Na verdade, todos os componentes da missão sentem-se satisfeitos e orgulhosos do dever cumprido. Apenas uma das figuras que faz parte desta fascinante aventura não está comovida. Uacari, ao contrário de todos os outros, carrega consigo uma infinita tristeza e uma grande frustração por tudo quanto lhe tivera acontecido nesta viagem de desilusões e dissabores.

O dia 12 de dezembro irrompe com um sol rutilante, iluminando as águas do rio que correm silentes e serenas, com as matas e as árvores das margens muito verdejantes a circundá-las, expondo um colorido esplendoroso e inesquecível a quem por elas navega! A par disso, bandos de aves marinhas cercam as pequenas canoas em seus voos rasantes, tentando receber algumas sobras dos restos da alimentação dos navegadores e tripulantes que conduzem as embarcações pelo rio.

Alguns instantes depois, a tripulação avista o casario da cidade e o cais do porto em que aportarão com infinitas saudades, depois de tantas agruras e dificuldades, terminando a tão longa e invulgar viagem.

No entanto, aproveitando-se da euforia da confraternização e do regozijo de todos pelo regresso ao ponto de partida, o frustrado Uacari, sem que ninguém veja, cai nas águas do rio e nada até sumir, sem deixar qualquer vestígio ou rastro. Evade-se sem que ninguém o note, e sua falta só é sentida quando o vão buscar para escoltá-lo até a cadeia da cidade. Isso é, desde logo, uma preocupação para a família de Jurupanã e para o sargento Teixeira.

Depois da evasão do guerreiro arauaté, cada membro da expedição procura arrumar-se conforme pode, tendo recebido auxílio pecuniário para que se possam manter pelo tempo que permanecerem na cidade. Os Cambebas que foram feitos prisioneiros são imediatamente soltos quando da chegada a Belém, todos sendo auxiliados de forma a se integrarem no ambiente dos outros índios da cidade. Nesta cidade passam a conviver com os outros, tendo em vista o estreitamento das relações mantidas durante os meses de permanência na expedição. Assim, com mais esse contingente de pessoas, a cidade cresce e se desenvolve sobremaneira, neste final do ano de 1639.

Pedro Teixeira e toda a sua equipe de oficiais, sargentos e outras patentes do exército português do Brasil, são recebidos pelas autoridades da Câmara da República de Belém, sob aplausos e festejos de grande confraternização, em homenagem ao feito desta heroica gente. A população da cidade rende-lhes grande preito de gratidão, com a banda executando músicas marciais e hinos patrióticos em ovações heroicas aos grandes conquistadores da Amazônia. É total o reconhecimento àquelas pessoas que regressaram valorizadas ao seio da pátria para receberem do seu povo e da sua cidade, fundada há poucos anos, homenagem justa e digna, além da gratidão pelos relevantes serviços prestados.

Depois de mais de oito dias de festejos, discursos, homenagens e honrarias em Belém, o capitão-mor segue para São Luis do Maranhão, para dar conhecimento do seu feito e do êxito da viagem aos seus superiores hierárquicos. Está assim consumada a ligação entre a cidade de Quito, no Equador, e aquela que viria a ser o orgulho dos portugueses, a bela cidade de Belém, no Brasil.

Para este grande feito, que causara ao mundo espetacular espanto, aquela brava gente levara vinte e seis meses navegando nas águas do maior rio do mundo, o Amazonas, que na sua totalidade passara a pertencer aos portugueses, incorporado ao território brasileiro pelo Tratado lavrado em Franciscana, e futuramente, em 13 de janeiro de 1750, retificado pelo Tratado de Madrid, defendido por um brasileiro nascido em Santos, o extraordinário embaixador de Portugal, Alexandre de Gusmão.

Outrossim, em São Luis do Maranhão, o grande conquistador e desbravador lusitano é aplaudido e muito homenageado. Os festejos em sua honra duram quinze dias seguidos, culminando com sua nomeação para o cargo de capitão-mor do Pará, no qual toma posse no dia 28 de fevereiro de 1640.

XXXIII

O casamento

O romance entre a jovem Junaína e o sargento Luis Teixeira flui cada vez com mais firmeza. Os jovens esperaram somente a chegada da expedição a Belém para realizarem seu tão sonhado casamento que, conforme a vontade dos noivos, deverá ser realizado em cerimônia com normas e ritos da Igreja Católica. Por isso, tão logo desembarca em Belém, o casal inicia a lida com os papéis para os pregões demais preceitos.

Os pregões começam a correr normalmente, anunciando as bodas. Junaína, em sua mocidade, transborda de felicidade pelo sonho que há tanto acalenta e agora vê tão perto de se realizar. Vai casar-se com o homem que escolhera para toda a vida, homem a quem ela ama profundamente. Quase todos os dias, à tardinha, depois dos afazeres em casa dos pais, a bela índia vai até à igreja paroquial assistir com devoção à missa das seis horas, para ouvir os empolgantes sermões e os ajuizados conselhos sempre muito abalizados e ponderados de frei Agostinho das Chagas.

Acabadas as devoções, a índia volta para casa, onde mais à noitinha a família recebe o noivo, dando sequência à alegria, sempre presente, de um noivado romântico e feliz. Aproxima-se a data das núpcias. O sargento Teixeira ganha do pai como presente e dote de casamento uma bela casa no centro da cidade, e ornamentá-la é agora seu maior dever. Para isso, manda fazer móveis novos que ficarão prontos em poucos dias. São de idílio e de felicidades os dias dos noivos, que esperam apenas a saída dos papéis e o fim do prazo dos pregões para poderem celebrar o casamento.

E para completar ainda mais esta felicidade toda, o sargento Luis Teixeira é promovido ao cargo de alferes do Exército da Coroa Portuguesa pelos bons e relevantes serviços prestados durante a grande viagem em que se distinguira com galhardia e elevada qualificação na missão realizada nos distantes rincões do Vale do rio Amazonas.

O casamento é finalmente marcado para o dia 12 de fevereiro de 1640, mesma data em que se comemorarão com festejos os 24 anos de fundação da cidade de Belém, com missa campal em ação de graças celebrada pelo padre Manuel Figueira de Mendonça, primeiro vigário do Pará. Será, portanto, um dia especial, e uma data que recordará como se dera a fundação de Santa Maria de Belém do Grão–Pará, duas e meia décadas atrás, tendo capitão-mor Pedro Teixeira, ainda jovem, sido um dos seus fundadores.

Os preparativos das bodas correm alegres e venturosos. O templo religioso onde se deverão realizar os esponsais é uma capela com capacidade para pouco mais de meia centena de pessoas, e frei Agostinho assumira a responsabilidade de realizar todas as funções religiosas. Como consequência, a ele caberá como dever de ofício o solene compromisso de unir os jovens pelos laços do matrimônio. De longa data, um admirador do alferes Luis Teixeira e devotando também grande afeição à pessoa da jovem noiva, o frade manda ornamentar o pequeno templo religioso com muitas das mais lindas flores silvestres. Ele quer receber Luis e Junaína com muita beleza e alegria, num dia tão importante de suas jovens vidas.

Está uma linda tarde de domingo, ensolarada e quente. O sol viera branco, abrasador e rutilante, e os habitantes da pequena cidade saem às ruas para assistir ao faustoso acontecimento naqueles primeiros dias do ano de 1640. O casamento é muito comentado em toda a cidade, pois o noivo é filho do homem mais importante daquela região. A noiva é filha do guerreiro Jurupanã e estivera apalavrada para casar com outro homem. Assim, abençoado por uns e contestado por outros, o acontecimento traz muito a falar naquele modesto lugar.

Além do mais, causa certa estranheza neste dia de calor intenso a presença na igreja de algumas pessoas trajando túnicas de estamenha marrom e com o rosto acobertado com máscaras, como a fazer mistério a quem entrasse no templo. O noivo, ansioso e nervoso pela demora a noiva, não nota aquela gente estapafúrdia e duvidosa na capela. Seus sentidos estão todos voltados para a porta de entrada, de onde em poucos minutos deverá entrar a sua elegante e bonita noiva. Assim, ele não repara naqueles intrusos plantados nos quatro cantos da igreja, como se fossem sentinelas a cumprir alguma missão especial.

No altar, o frei Agostinho das Chagas, ao lado do noivo, do pai e dos padrinhos, espera já com certa impaciência a chegada da noiva. O público, apinhado no pequeno templo, aguarda o repenicar dos sinos anunciar o início da cerimônia. Então os sinos começam a badalar e a jovem noiva, acompanhada do pai, entra pela larga portada da igreja, seguindo pelo corredor todo ornamentado de lindas e frescas flores até o altar, onde o noivo a recebe vestido com a farda de alferes do Exército português.

Frei Agostinho dá início à sua fala, afirmando que ali estão perante Deus para celebrar a união conjugal dos dois jovens e declarando que se alguém entre os presentes tiver conhecimento de fato que possa impedir aquela união, que se declare agora ou, não o fazendo, que se cale para sempre. Neste momento, Uacari, encapuzado, a poucos metros de distância, desvencilha-se da túnica que traz vestida, acompanhado de outros guerreiros da sua tribo armados de arcos e flechas em posição de atirar no alferes Teixeira, e diz muito senhor de si, irreverente:

– Guerreiro Uacari, esperou muito este momento, e quer anula este casamento porque índia Junaína está comprometida com Uacari e também pai dela Jurupanã, para ela casar com guerreiro arauaté. Por isso, quer anula este casamento e casar com Junaína!

Todos os fiéis que estão na igreja ficam boquiabertos, perplexos e constrangidos ao presenciarem esta cena ameaçadora e as pretensões arrogantes do índio que, com o arco e flecha em posição de guerra, fazendo fortes ameaças, tenta à força anular o casamento de Luis e Junaína. Ficam todos atemorizados e nervosos com o surgimento daquela figura ali, muito próxima do altar, onde os noivos estão a receber o sacramento matrimonial.

Frei Agostinho conhece profundamente a arrogância de Uacari, e fica atônito, muito pálido, mais branco que a cal da parede, ao testemunhar a condenável atitude do rapaz índio. Desfigurado, o frade balbucia algumas palavras sem nexo, mas logo se recompõe e volta ao normal. Depois, com calma, elevando o olhar para a figura de Cristo pregado na cruz, retoma o fôlego e diz em tom de saudação:

– Deus o abençoe, meu querido irmão Uacari. Mas, na casa do Senhor, não há necessidade do uso de armas. Nesta casa de Deus, o irmão jamais sofrerá violências sobre qualquer hipótese. Aqui, nenhum mal lhe acontecerá e nem lhe recairão quaisquer ofensas.

Todos na igreja têm a respiração suspensa e estão pasmos, surpresos, ansiosos com o que há de vir daquela inusitada cena que se desenrola dentro do sagrado recinto. E frei Agostinho das Chagas começa um longo sermão, falando diretamente para Uacari.

– Nós somos todos filhos de Deus, irmãos do mesmo sangue, filhos do mesmo Pai! E é preciso tomarmos atenção para com nossas vidas, vividas muito de perto, muito íntimas. Na verdade, Uacari sabe que nestes quase três anos vivemos juntos, respirando o mesmo ar, comendo do mesmo alimento, sofrendo as mesmas agruras, enfim... é preciso que atente para o que lhe vou dizer, meu jovem.

E tomando novo fôlego, com muito mais veemência prossegue o frade:

– Sabemos que não foi uma convivência pacífica e nem tomada de grande amizade, como eu gostaria que fosse. Porém, não foi de minha parte que todas estas diferenças passaram a existir, não foi de minha parte que faltou amor, amizade e essa fraternidade. O irmão Uacari sabe muito bem disso! Eu sempre estive disponível ao bom entendimento, sempre estive a seu lado e jamais deixei de lhe prestar ajuda nas horas mais difíceis e amargas de sua vida.

E, tocando na ferida, frei Agostinho relembra a Uacari que já lhe houvera por vezes alertado sobre o relacionamento de Junaína e Luis Teixeira:

– Quando lhe expliquei esse problema de amor, não fui capaz de fazer você desistir de pensar em Junaína como sua esposa. Já falei também, e reafirmo mais uma vez, que você Uacari é um rapaz bonito e forte, líder na sua tribo. Pode muito bem, encontrar numa outra tribo uma jovem bonita como Junaína, para se casarem e serem felizes, sem violar as leis de Deus, sem cometer o pecado de matar e sem impedir a união de outros que se amam. O destino e Deus reservaram outro esposo, que não você, Uacari, para o coração e a felicidade de Janaina. Esta é a vontade e de Deus. Uacari tem de compreender e respeitar isso, como também deve gostar que seu desejo seja respeitado. E frei Agostinho, aproximando-se mais do índio, pousa a mão direita em seu ombro e diz:

– Una-se a nós pelo amor de Nosso Senhor Jesus Cristo, que também sofreu a injustiça dos homens para nos salvar. Una-se a nós com todos os seus amigos, venha comemorar conosco a alegria do amor em Cristo. Venha conviver conosco a vida da fé e da paz entre os homens de boa vontade. Seja indulgente com seu próximo.

O silêncio reina na pequena capela lotada de convidados. Quando termina sua longa preleção, frei Agostinho pede a todos que rezem juntos o Padre Nosso e a Ave Maria.

O religioso observa que o índio, vindo até ali pelo impulso da vingança, do despeito e da raiva, e regido por sentimentos macabros, agora mostra outros sentimentos mais nobres e mais sublimes. Com a bondade de seu coração, o religioso o acordara para a vida da sublimação, da amizade, do amor. O índio, com os olhos marejados de lágrimas, ajoelha-se muito emocionado ante o frade, segurando com ardor as suas vestes sagradas. Seu coração está cheio de arrependimentos e de remorsos, e ele roga por perdão e para ser guiado pela fé católica.

Frei Agostinho, deveras comovido, abraça Uacari que, em estado de contemplação, não desprega os olhos do Cristo pregado na cruz. Um facho de luz muito clara aparece ao fundo da capela, assemelhando-se a uma estrela a guiá-lo, levando-o à presença de Deus.

Os muitos convidados, mergulhados num misticismo inusitado, cheios de fé, vão saindo calados e cabisbaixos do pequeno templo onde parece ter acontecido um verdadeiro milagre entre o representante de Deus e aquela figura pagã, pronta para se converter à fé cristã. Entoam cânticos e salmos a Deus, tendo a guiá-los o frei Agostinho, caminhando vagarosamente em procissão ao redor do templo, com os jovens noivos, já unidos pelo casamento seguindo o frei e orando a Deus.

Meio confuso sobre tudo quanto lhe tinha acontecido e mergulhado numa devoção apaixonada, Uacari não desprega os olhos da cruz. Parece ter se esquecido de todo o seu passado indecoroso e irreverente, e se prostra diante do frade, pedindo-lhe de joelhos que faça dele um seguidor do Deus dos brancos. Ato contínuo, o frade conduz Uacari a pia batismal, onde ministra o sacramento dando ao índio arauaté o nome de Pedro Teixeira, escolhido pelo exemplo de bravura e honestidade que fora sempre o capitão-mor. Depois, bem depois disso, o índio ingressa na Ordem dos Franciscanos onde inicia os estudos da religião católica, ordenando-se como frade. Passados alguns anos de muito estudo e devoção, ele irá se dedicar à catequização de seus irmãos da tribo dos Arauatés.

Levando uma vida de muita fé e devoção em Cristo, de muitos sacrifícios e abstinências, pregando o Evangelho aos gentios dos sertões brasileiros, Uacari torna-se uma espécie de santo, como ficara conhecido pelos índios das selvas da Amazônia. Em Belém, os festejos da chegada da grande expedição e os das comemorações da data de fundação da cidade, mais a celebração do casamento de Luis Teixeira com a graciosa Junaína e ainda a conversão de Uacari foram eventos que glorificam os dias de sua existência.

XXXII

A travessia definitiva de Pedro Teixeira

A seguir às alegres recepções de que foi a principal figura durante vários dias em Belém, Pedro Teixeira seguira para São Luis no Maranhão a fim de dar ao governador Jácomo Raimundo de Noronha conhecimento do êxito sem precedentes da grande viagem, e simultaneamente relatar os tumultuados episódios acabados de acontecer.

A glória da viagem de Quito, no Equador, a Belém do Grão-Pará, no Brasil, dera motivos a uma farta documentação escrita, que mostra e atesta a saga da conquista da vasta região Amazônica, dando a conhecer a todo o mundo daquela época o heroico e extraordinário feito de Pedro Teixeira. No dia 28 de fevereiro de 1640, o capitão Pedro Teixeira assume o cargo de capitão-mor da província do Grão-Pará, que se desmembrara da província do Maranhão por questões administrativas vindas de Lisboa, visando formas de melhor governar esta região do Norte do Brasil

A intenção do capitão-mor agora é ir a Portugal para tratar da sua saúde, já um tanto abalada pelas muitas doenças endêmicas contraídas durante suas andanças nas conquistas dos sertões brasileiros. Porém não quer o destino que isso aconteça, pois vários fatores impeditivos acontecem neste hiato de tempo. O mais importante deles, sem dúvida, estava na reconquista da independência de Portugal, ao sacudir o jugo espanhol no primeiro dia do mês de dezembro do ano de 1640.

Este dia foi muito significativo para os portugueses, com o sol da liberdade cobrindo o País de Norte a Sul com suas cores luminosas. A sujeição dos lusitanos à autoridade espanhola sobre Portugal é banida de uma vez por todas em todo o território nacional.

São intensas e fortes as convulsões sociais; opíparas as ações bélicas pela independência de Portugal, e ferozes e terríveis os combates entre espanhóis e portugueses. Daí, ter-se quedado a viagem do capitão-mor, que está doente, temeroso de encontrar seu país em conflito armado por todos os recantos. Então, ele decide ficar por mais um tempo no Brasil, aguardando a situação se acalmar na velha pátria portuguesa.

Todavia, as terríveis doenças não lhe permitem essa espera. Elas espiam como aves de rapina do alto das suas alcândoras, espreitando-lhe a vida já muito debilitada, presa por um fio, esvaindo-se lentamente de seu corpo. Assim, no dia 4 de junho de 1642, dá seu último suspiro o grande conquistador da Amazônia, o capitão-mor Pedro Teixeira.

Mas seu maior feito, esse não morre, é eterno. No ano de 1641, a imprensa espanhola publicara a conquista e a descoberta da Amazônia, em nota com o seguinte texto:

> *¡ Nuevo descobrimento del gran rio de lãs Amazonas, el que fue y se hizo por ordem de Su Majestad, al ano 1639, por la província de Quito em los reinos del Peru!*

O nome do desbravador e descobridor daquelas novas terras não estivera inserido nesta notícia porque os espanhóis negaram-se a divulgá-lo. Mas a própria História se encarregara de fazer justiça à memória do capitão-mor, quando, no Tratado de Madrid, Pedro Teixeira tem seu nome oficialmente inserido e reconhecido, de fato e de direito, como o herói da proeza que acabamos de narrar.

Notas sobre a vida de Pedro Teixeira

Pedro Teixeira era casado com dona Ana da Cunha (natural da Praia – Ilha Terceira, em Açores, filha do sargento-mor Diogo de Campos Moreno), com quem não teve filhos. Mas teve com mulheres índias alguns filhos mamelucos, mestiços que no princípio da colonização formaram a grande maioria da população brasileira. Descendentes de Teixeira vivem hoje em quase todos os estados do Norte do Brasil.

Seu feito maior, a conquista de toda a Bacia Amazônica, perpetua-lhe a memória de algumas formas, a saber:

- A bandeiras de Pedro Teixeira e Bento de Oliveira na conquista e ocupação da bacia do Amazonas até à foz do rio Napo (1637–1639) foram retratadas no anverso de medalhas de cobre de grande módulo e peso de 70 a 160 gramas, cunhadas em Paris, no ano de 1900, a pedido do governo paraense. Elas eram parte de uma série, de diferentes estampas, todas alusivas ao descobrimento do Brasil;
- O herói foi referência numa série de notas no valor de Cr$ 5,00 (cruzeiros) impressas pela Casa da Moeda do Brasil.
- Outros destaques são a rodovia Belém–São Luís, unindo os Estados do Pará e do Maranhão, e o "Batalhão da Selva"

sediado em Belém, que têm como referência o nome do capitão-mor;

- Em 1965, para comemorar os 350 anos da fundação da capital paraense, a comunidade portuguesa da cidade de Belém do Pará ofereceu à municipalidade uma estátua de Pedro Teixeira, homenageando-o pela conquista da Amazônia para o Brasil;
- Em 1980, quando o Papa João Paulo II visitou Manaus, o principal meio de transporte por ele usado no percurso de um trecho do rio Amazonas foi o Navio de Guerra "Pedro Teixeira", da flotilha da Amazônia;
- Existem no Norte do Brasil diversas empresas públicas e privadas que levam o nome do herói. O mesmo acontece com várias embarcações que navegam pelo Amazonas;
- Na cidade de Tabatinga, Amazonas, a histórica São Francisco Xavier de Tabatinga, funciona a Escola Estadual Pedro Teixeira, em sua homenagem, inaugurada em 1983.
- A cidade de Manaus também o homenageia com o seu nome em uma das suas principais vias, a Avenida de Pedro Teixeira, na sequência do bairro de D. Pedro;
- Em Belém do Pará, cidade que fundou em 1616, Pedro Teixeira teve seu nome dado a uma praça pública;
- Na cidade de São Paulo, nosso herói foi homenageado tendo seu nome dado a EMEF – Escola Municipal de Educação Infantil Pedro Teixeira, no Jardim Santana, Zona Leste;

- Em Portugal, existem muitas referências a seu nome, como o caso de uma rua no Restelo, em Lisboa. Esta homenagem deveu-se à iniciativa do adido cultural da Embaixada do Brasil em Lisboa, Leandro Tocantins, junto ao presidente da Câmara Municipal da cidade, Santos Castro;
- Em sua cidade natal, Cantanhede, em Portugal, Pedro Teixeira foi homenageado pela comunidade com uma estátua entregue em 25 de junho de 1993. A iniciativa foi do presidente da Câmara Municipal, Alberto Pais de Sousa, que cedeu um dos melhores espaços públicos do município para a localização da obra do escultor português Celestino Alves André.

FIM

São Paulo, 25 de abril de 2009

ECOgraf
diagramou e imprimiu

Rua Costa, 35 – Consolação – São Paulo-SP
ecograf.grafica@terra.com.br
Fone: (11) 3259-1915